Beruf: Verkäufer!

Lizenz zum Wissen.

Sichern Sie sich umfassendes Wirtschaftswissen mit Sofortzugriff auf tausende Fachbücher und Fachzeitschriften aus den Bereichen: Management, Finance & Controlling, Business IT, Marketing, Public Relations, Vertrieb und Banking.

Exklusiv für Leser von Springer-Fachbüchern: Testen Sie Springer für Professionals 30 Tage unverbindlich. Nutzen Sie dazu im Bestellverlauf Ihren persönlichen Aktionscode C0005407 auf *www.springerprofessional.de/buchkunden/*

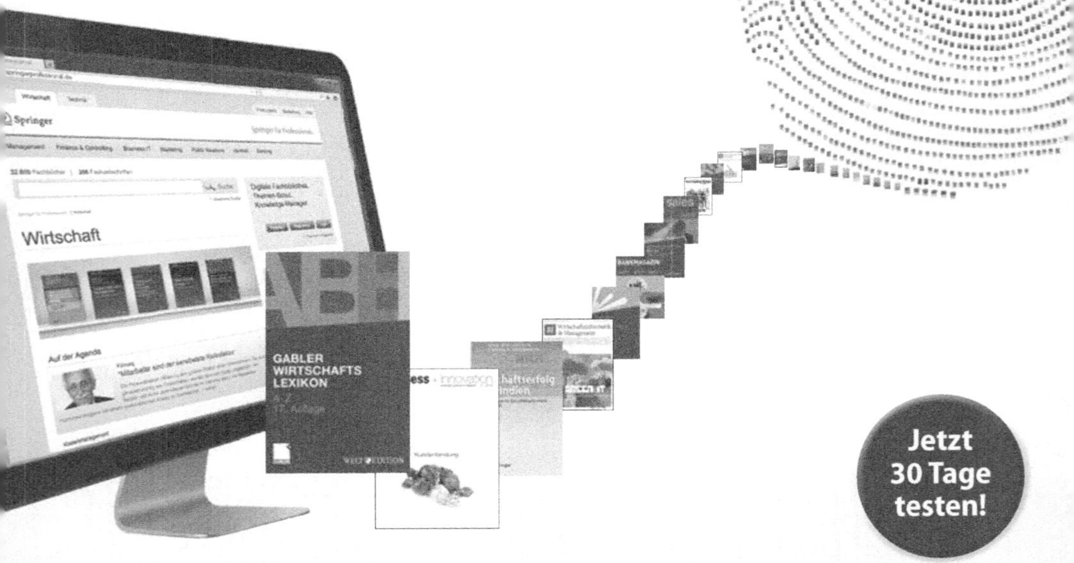

Jetzt 30 Tage testen!

Springer für Professionals.
Digitale Fachbibliothek. Themen-Scout. Knowledge-Manager.

- Zugriff auf tausende von Fachbüchern und Fachzeitschriften
- Selektion, Komprimierung und Verknüpfung relevanter Themen durch Fachredaktionen
- Tools zur persönlichen Wissensorganisation und Vernetzung

www.entschieden-intelligenter.de

Springer für Professionals

Michael Künzl

Beruf: Verkäufer!

Mythen und Wahrheiten einer oft verkannten Profession

Michael Künzl
München
Deutschland

ISBN 978-3-658-01395-0 ISBN 978-3-658-01396-7 (eBook)
DOI 10.1007/978-3-658-01396-7

Die Deutsche Nationalbibliothek verzeichnet diese Publikation in der Deutschen Nationalbibliografie; detaillierte bibliografische Daten sind im Internet über http://dnb.d-nb.de abrufbar.

Springer Gabler
© Springer Fachmedien Wiesbaden 2014
Das Werk einschließlich aller seiner Teile ist urheberrechtlich geschützt. Jede Verwertung, die nicht ausdrücklich vom Urheberrechtsgesetz zugelassen ist, bedarf der vorherigen Zustimmung des Verlags. Das gilt insbesondere für Vervielfältigungen, Bearbeitungen, Übersetzungen, Mikroverfilmungen und die Einspeicherung und Verarbeitung in elektronischen Systemen.

Die Wiedergabe von Gebrauchsnamen, Handelsnamen, Warenbezeichnungen usw. in diesem Werk berechtigt auch ohne besondere Kennzeichnung nicht zu der Annahme, dass solche Namen im Sinne der Warenzeichen- und Markenschutz-Gesetzgebung als frei zu betrachten wären und daher von jedermann benutzt werden dürften.

Illustrationen: Tina Albrecht

Gedruckt auf säurefreiem und chlorfrei gebleichtem Papier

Springer Gabler ist eine Marke von Springer DE. Springer DE ist Teil der Fachverlagsgruppe Springer Science+Business Media
www.springer-gabler.de

Vorwort

Liebe Leserinnen, liebe Leser,

Sie halten nun, nach „Einfach mehr Umsatz. Finanzverkauf mit Abschlussgarantie", das schon in der zweiten Auflage erschienen ist, meine zweite Buchveröffentlichung in Händen.

Dieses Buch beschäftigt sich mit Grundsatzfragen zum Thema Verkauf und mit dem Beruf des Verkäufers. Dabei setze ich mich in zehn Thesen zum Thema Verkauf auseinander, die alle einen Einblick in dieses Berufsfeld geben und kontrovers diskutiert werden. Meine Einsichten und Anregungen sind hierbei immer mit einer Prise Humor und mit mindestens einem zwinkernden Auge gewürzt.

Vielleicht regt Sie das Buch ja auch an, sich kritisch-reflektierend mit Ihrem eigenen Beruf auseinanderzusetzen und ein Denkprozess wird angestoßen, an dessen Ende Sie sich bestärkt in Ihrer Berufswahl fühlen – vielleicht entdecken Sie aber auch Dinge und persönliche Einstellungen, an denen Sie noch arbeiten können.

Zum Abschluss möchte ich Ihnen nun noch viel Spaß bei der Lektüre und beim Schaffen eines neuen oder geschärften Selbstbildes wünschen!

München, im August 2014   Michael Künzl

Danksagungen

Dieses Buch lebt von den Geschichten aus dem Verkaufsalltag, deswegen gebührt den Gast-Autoren dieser Anekdoten besonderer Dank dafür, dass sie uns einen Einblick in die unterhaltsamen Seiten ihrer Arbeit gewähren und damit beweisen, was für ein schöner Beruf der Verkaufsberuf doch (meistens) ist! Auch der Illustratorin Tina Albrecht möchte ich herzlich für ihre Kreativität, ihr Können und ihren Humor danken. Ihre Zeichnungen bereichern dieses Buch und bringen auch Sie hoffentlich immer wieder zum Schmunzeln.

Inhaltsverzeichnis

1 **Einführung** 1
   1.1   Verkäufer 2
   1.2   Thesen zum Thema Verkauf 4

2 **Zum Verkäufer ist man geboren!** 7
   2.1   Eine POSITIVE GRUNDEINSTELLUNG! 10
   2.2   Ohne Fleiß kein Preis! 11
   2.3   Freundlichkeit ist eine Sprache, die Taube hören und Blinde lesen können! 12

3 **Verkäufer sind schmierig** 17
   3.1   Der Schlüssel zum Verkaufserfolg: Ein charismatischer Auftritt! ... 26
   3.2   Charismatische Menschen sind selbstbewusst! 27
   3.3   Charismatische Menschen sind interessiert! 28
   3.4   Charismatische Menschen geben Ihrem Handeln einen Sinn! ... 28
   3.5   Charismatische Menschen sind beweglich! 29
   3.6   Wertschätzende Umgangsformen 30

4 **Ein Verkäufer kann einem Eskimo einen Kühlschrank verkaufen!** ... 31

5 **Wer verkaufen will, muss lügen können!** 33

6 **Das Wichtigste für einen Verkäufer ist Authentizität!** 37

7 **Verkäufer verdienen Schmerzensgeld!** 41

8	Fachliches Know-how vor Verkauf?	45
9	Ein Verkäufer muss mit jedem können!	49
10	Verkaufen kann man nicht ein Leben lang!	53
11	**Verkäufer ist der wunderbarste Beruf der Welt!**	**57**
11.1	„Die zickige Ehefrau!"	58
11.2	„Künzl – grünblau!"	59
11.3	„Der Empfang!"	62
11.4	„Wies'n in München!"	63
11.5	„Der Fahrstuhl!"	65
11.6	„Ein erfreulicher Anblick …!"	67
11.7	„Es geht so oder so …!"	70
12	**Wie Sie nie werden sollten!**	**73**
12.1	„Der Schulfreund!"	74
12.2	„Der Beau!"	76
12.3	„Der Unpünktliche!"	78
12.4	„Der Überpünktliche!"	80
12.5	„Der Angeber!"	82
12.6	„Der Schlaumeier!"	84
12.7	„Der Nachbar!"	86
12.8	„Der Pfarrer!"	88
12.9	„Der Gierige!"	90
12.10	„Der Satte!"	92

Schlusswort ... 95

Der Autor

Michael Künzl Der Autor trainiert Verkäufer und deren Führungskräfte im Verkauf von Dienstleistungen, erklärungsbedürftigen Produkten sowie Luxus- und Investitionsgütern. Sein Fokus liegt hierbei auf der praxisnahen und einfachen Umsetzbarkeit der Trainingsinhalte. Michael Künzl hat sich darüber hinaus in zahlreichen Vorträgen zu unterschiedlichen Themen auf Vertriebsveranstaltungen verdient gemacht und seine Zuhörer begeistert.

Das Motto

EINFACH mehr Umsatz!

Trainingstitel

SicherZumAbschluss – Das Training mit Abschlussgarantie!
Was Verkäufer wirklich erfolgreich macht! – Charisma kann man trainieren!
SicherZuEmpfehlungen – Der schönste Weg der Neukundengewinnung!
SicherImTeam – Das Training zu mehr Teamerfolg im Verkauf!
MichaelKünzl SMC – Success Management Consulting!

Vortragstitel

Hallo Verkäufer! – Was wir über Verkauf denken und was es bewirkt!
Gute Verkäufer sind Revolutionäre! – Es ist so wichtig ein wenig anders zu sein!
Neue Kunden zum Nulltarif! – Marketing und Werbung sind teuer! Ein gelungenes Empfehlungsmanagement ist es nicht!
Kontakt:
www.michaelkuenzl-verkaufstrainings.de

Einführung 1

Es gibt Menschen, die Verkauf erlernen wollen. Diese buchen Seminare, Trainings, Coachings oder kaufen sich Bücher zum Thema. Dort wird versucht, ihnen Vorgehensweisen, wissenschaftliche Hintergründe, psychologische Tricks oder auch bodenständiges Handwerkszeug zu vermitteln, um erfolgreicher zu verkaufen.

Was diese Menschen für sich eventuell noch nicht beantwortet haben, sind Grundsatzfragen zum Thema Verkauf, mit denen wir alle schon einmal konfrontiert wurden und die dafür gesorgt haben, dass der Beruf des Verkäufers in unserem Land kein hohes Ansehen genießt, mitunter gar in Verruf geraten ist.

Mit diesen Grundsatzfragen setzt sich dieses Buch auseinander. In zehn prägnanten Kapiteln werden kritische, fordernde, beängstigende, aber auch oft missverstandene Thesen zum Thema Verkauf aufgegriffen und hinterfragt. Anschließend werden zu jedem Punkt unterschiedliche Ansätze geliefert, die die jeweilige Aussage stützen oder widerlegen.

1.1 Verkäufer

Jedes Jahr werden von renommierten Meinungsforschungsinstituten Hitlisten der in Deutschland bestangesehenen Berufe veröffentlicht. So finden wir es beachtlich, wenn Menschen und deren brennende Häuser gerettet werden, wenn man uns das richtige (leider manchmal auch falsche!) Heilmittel verschreibt, wenn sich jemand um alte und kranke Menschen kümmert oder wenn sich jemand bewaffnet mit Demonstranten und Alkoholsündern auseinandersetzt.

Wenn ein Mensch beruflich anderen Menschen etwas verkauft, empfinden wir das eher als lästig. Woran liegt das?

Wenn Sie das Wort Verkauf auf der Duden Homepage eingeben und zum Punkt „Verwendung und Beispiele" gehen, steht da zuerst – ich betone: als ERSTES Beispiel: „der illegale, verbilligte Verkauf von Produkten [ins Ausland]."

Wenn Verkäufer potenzielle Kunden anrufen, hören sie oft den Satz: „Sie wollen mir doch nur etwas verkaufen!" Beobachte ich Menschen in Bekleidungsläden, die von einem Verkäufer angesprochen werden, nehmen viele der Angesprochenen eine regelrechte Abwehrhaltung ein, andere flüchten ganz einfach wortlos. In Situationen, in denen Verkäufer beschrieben werden, fallen oft Formulierungen wie: „Das ist so ein Geleckter – ein typischer Verkäufer!" Ganz ehrlich – da wundert es mich nicht, dass die meisten negativ über diesen Beruf denken.

Und die Auswirkungen unserer derart gefällten Vorurteile sind gravierend: Immer weniger Menschen entscheiden sich aktiv für den Beruf des Verkäufers und oft wird Verkauf lediglich als letzte Chance gesehen, noch in der Berufswelt unterzukommen. Eine Versetzung in die Verkaufsabteilung wird gar als Strafe empfunden.

1.1 Verkäufer

Manchmal erlaube ich mir bei Vorträgen vor Mitarbeitern großer Unternehmen als Einstieg einen kleinen Scherz und gehe mit einem tragbaren Mikrofon ausgestattet durch die Zuschauerreihen. Dort stelle ich die Frage: „Was machen Sie denn beruflich?" Exemplarisch einige Antworten: Bank- oder Versicherungskauffrau – Industriekaufmann – Key Account Manager – Wealth Management – Large Account Reseller – oder mein Favorit: Senior Portfolio Manager Key Clients und dergleichen mehr. Nur ganz selten sagt jemand, er oder sie sei Verkäufer oder Verkäuferin.

Die zweite Auswirkung erweist sich meines Erachtens als noch verheerender. Es ist unglaublich schwer, einem Deutschen aktiv etwas zu verkaufen. So scheint es zumindest. Deutsche Kunden sind die klassischen Selbstkäufer: Sie informieren sich, surfen im Internet, vergleichen, überlegen stunden-, wochen- oder jahrelang und ringen sich dann mühselig zu einer Entscheidung durch, die zuletzt dennoch auf wackeligen Beinen steht. Deutschland lebt deshalb vor allem vom Export. Der Binnenmarkt hinkt hinterher und sollte der Europa- oder Weltmarkt einbrechen, die Nachfrage nach deutschen Produkten also drastisch sinken, dann zeichnen sich katastrophale Folgen ab.

▶   Es liegt also an uns!

Wir könnten jetzt die klassische Ei-Henne-Diskussion anfangen. War zuerst der schlechte Ruf des Verkäufers, der dazu führte, dass sich nur noch die Falschen dazu durchringen, Verkäufer zu werden? Oder waren zuerst die nervigen Vertreter, die mit mangelhaften Umgangsformen, arme und ahnungslose Menschen über den Tisch zogen und damit erst für diesen Ruf sorgten?

Diese Diskussion ist jedoch anstrengend und wird wohl zu keinem verwertbaren Ergebnis führen. Festzuhalten bleibt aber, dass Verkauf dringend notwendig ist. Unsere Wirtschaft und dadurch, direkt oder indirekt, jeder einzelne von uns, hängt vom Verkauf ab. Als erfolgreicher Verkäufer tun Sie mindestens genau so viel für die Menschheit wie so mancher Sozialarbeiter. Sie ernähren sich und Ihre Familie, Sie ernähren aber auch jeden verwaltenden oder technischen Angestellten Ihres Unternehmens und damit auch dessen Familie. Denn ohne Sie wären all die wunderbaren Produkte und Dienstleistungen, für die Deutschland weltberühmt ist, nur schnöde Ladenhüter.

Entscheiden Sie sich, ob der Beruf, den Sie gewählt haben, der ist, der Sie langfristig glücklich macht. Falls Sie erst vor der Berufswahl stehen, wappnen Sie sich gegen die Fragen und Stereotypen, mit denen Sie als Verkäufer immer wieder konfrontiert werden. Hinterfragen Sie sich dabei selbst: Wie denke ich darüber? Was würde ich sagen? Denn das, was Sie über sich denken und wie Sie fühlen, strahlen Sie auch aus. Je positiver Ihre Grundhaltung ist, umso erfolgreicher werden Sie in Ihrem Beruf sein.

1.2 Thesen zum Thema Verkauf

Zum Verkäufer ist man geboren!
Einer der gängigsten Irrglauben ist, man könne Verkauf nicht erlernen, sondern müsse dafür geboren sein. Was kann man erlernen und welche Voraussetzungen müssen gegeben sein, um ein erfolgreicher Verkäufer zu werden?

Verkäufer sind schmierig!
Bei dem Wort Verkäufer oder Verkäuferin denken viele an einen ganz bestimmten Typus Mensch. Sind tatsächlich alle so? Muss man so sein? Was kann man tun, um beim Kunden positiv aufzufallen? Von Optik und Verhalten.

Ein Verkäufer kann einem Eskimo einen Kühlschrank verkaufen!
Stimmt es tatsächlich, dass sich ein guter Verkäufer dadurch auszeichnet, Menschen Dinge oder Dienstleistungen zu verkaufen, die diese überhaupt nicht benötigen?

Wer verkaufen will, muss lügen können!
Wie dehnbar ist der Begriff Wahrheit im Verkauf? Was ist, wenn ich mich mit dem Produkt oder der Dienstleistung, die ich verkaufen soll, nicht identifizieren kann? Welchen ethischen Anspruch stelle ich an mich? Welche Ansprüche darf mein Arbeitgeber dauerhaft geltend machen?

Das Wichtigste für einen erfolgreichen Verkäufer ist Authentizität!
„Sei ganz du selbst, lass es auf dich zukommen und reagiere, wie du es für richtig hältst!" Muss man sich als Verkäufer nicht vorbereiten und kann sich einfach durch sein berufliches Dasein treiben lassen? Welches Maß an Vorbereitung ist notwendig und wie viel Persönlichkeit kann und muss ich einbringen?

Verkäufer verdienen Schmerzensgeld!
Sind dieser Beruf und der Umgang mit Menschen wirklich so schrecklich, dass man sich über die verdiente Provision überhaupt nicht freut? Wie motivierend ist Geld? Und gibt es eventuell noch andere positive Aspekte?

Fachliches Know-how vor Verkauf!
Deutsche Verkäufer sind fachlich hoch ausgebildet. Sind sie vielleicht zu qualifiziert? Warum tun sich unsere Kunden oft so schwer, sich zu entscheiden? Liegt es vielleicht an uns selbst und unserem Umgang mit ihnen? Wie viel muss ich meinen Kunden wirklich an fachlicher Information liefern?

1.2 Thesen zum Thema Verkauf

Ein Verkäufer muss mit jedem können!
„Als Verkäufer muss ich mich mit Menschen abgeben, mit denen ich normalerweise zumeist nichts zu tun haben will!" Wo darf ich als Verkäufer meine Grenze ziehen? Welche Wahrheiten dürfen oder müssen ausgesprochen werden? Bin ich ein Geschäftspartner meines Kunden auf Augenhöhe oder bin ich nur Handlanger, Wasserträger oder im schlimmsten Fall sogar sein Fußabstreifer?

Verkaufen kann man nicht ein Leben lang!
Ist Verkäufer wirklich ein so aufreibender Beruf, dass ich ihm nur über einen begrenzten Zeitraum nachgehen kann? Welche Rolle spielt Work-Life-Balance? Wie kann ich eine langfristige Strategie in diesem Beruf entwickeln? Welche Karrierechancen gibt es?

Verkäufer – der wunderbarste Beruf der Welt!
Stimmt!

Zum Verkäufer ist man geboren! 2

Es gibt ihn – den geborenen Verkäufer! Diesen Menschen nur als Menschenfreund zu bezeichnen, wäre bei Weitem zu wenig. Er liebt es zu kommunizieren, Neues zu erfahren, dazuzulernen, neue Menschen kennenzulernen, und netzwerken konnte er schon, da waren Facebook und Xing noch lange nicht erfunden. Verkaufen ist für diesen Menschen ein Nebenprodukt seines selbstverständlichen Handelns und auf die Frage, worauf er denn seinen ungeheuren Erfolg zurückführen würde, antwortet er mit einem entwaffnenden Strahlen im Gesicht: „Keine Ahnung! Ich mach' halt einfach mal und das wird dann schon!" Positive Grundeinstellung ist sein zweiter Vorname und er findet selbst an den unmöglichsten Situationen noch etwas Positives. Wenn das Moor, in dem er zu ertrinken droht, ihm schon bis zum Hals steht, lässt er verlauten, das sei bestimmt sensationell für die Haut.

Vielleicht stellen Sie sich jetzt die Frage, ob Sie auch so sind? Und eventuell ist Ihnen bewusst, dass Sie die ein oder andere von den oben aufgeführten Eigenschaften schon mitbringen, aber doch längst nicht alle. Das wundert mich nicht. Denn der oben beschriebene Typ Mensch ist eine Rarität. Den meisten geht es so wie Ihnen. Manche Erfolgsanforderungen bringen Sie mit und andere müssen Sie erlernen oder sich antrainieren. Und das funktioniert auch!

Welche Anforderungen sollte man denn nun mitbringen, um als Verkäufer erfolgreich zu sein?

Zuallererst benötigen Sie als Verkäufer **EIGENMOTIVATION!** Um zu verstehen, was in diesem Wort alles steckt, zerlegen wir es in seine Bestandteile:

Da steht zunächst mal: **EIGEN**.

Richtig, Sie sind selbst verantwortlich und Sie müssen handeln. Gerade als Verkäufer neigen wir dazu, andere Menschen oder gewisse Umstände dafür verantwortlich zu machen, dass unsere Strategie nicht funktioniert. Noch wie heute kann ich mich daran erinnern, wie ich als junger, unerfahrener Frischling meinen erfahrenen Verkäuferkollegen (sie mögen es mir verzeihen!) in der Frühstückspause andächtig lauschte. Neue Modelle waren meist hässlicher, unzuverlässiger, überteuert und viel schwerer an den Mann zu bringen, als deren Vorgänger. Oder auch: „Der neue Verkaufsleiter war ja schon als Verkäufer eine totale Pflaume und jetzt will der mir sagen, wie es gehen soll …?! Da lache ich ja!" So gut wie nie durfte ich dabei sitzen und zuhören, wie sich meine Kollegen darüber austauschten, was super funktionierte, was sie an den neuen Modellen genial fanden und wie es ihnen gelänge, den neuen Verkaufsleiter zu unterstützen und damit für sich zu gewinnen. Irgendwann stellte sich in mir ein Schutzmechanismus ein, ich mied diese Negativdenker und umgab mich mit den Kollegen, die auf meiner Wellenlänge schwammen. Ja, es könnte passieren, dass Sie sich zunächst von Ihren durchschnittlichen Kollegen etwas abgrenzen. Aber Sie wollen ja schließlich nicht durchschnittlich bleiben! Also hören Sie auf, danach zu suchen, was außerhalb ihres eigenen Einflusskreises dafür verantwortlich sein könnte, dass ein Käufer im letzten Moment einen Rückzieher macht.

▶ Es liegt an Ihnen!

Zweiter Bestandteil: **MOTIV**

Es ist nun keine bahnbrechende Neuigkeit, dass das Handeln eines Menschen besonders erfolgversprechend ist, wenn ihm ein Motiv zugrunde liegt, das heißt, wenn es zielgerichtet ist. Und doch werde ich nicht müde, immer wieder darauf hinzuweisen, dass, sowohl im Verkauf als auch in der Eigenmotivation, an dieser Stelle zu viel Erfolg auf der Strecke bleibt! Wann wird ein Ziel zu einem Ziel? Damit ein mir gestecktes Ziel auch zu einem funktionierenden Motiv wird, müssen drei Dinge geklärt sein:

1. **Was?** Was will ich erreichen? Klären Sie in Zahlen, Daten, Fakten und ganz besonders in Gefühlen, Emotionen und Filmen (vor Ihrem geistigen Auge) ganz genau, wohin Sie wollen! Malen Sie sich aus, wie es sich anfühlen wird, in Ihrer neuen Wohnung zu leben! Malen Sie es sich aus, wie es sich fahren wird, Ihr Motorrad! Malen Sie es sich aus, wie es sein wird, mit Ihrer Frau oder Ihrem Mann den Highway No. 1 hinauf zu fahren! Dann überlegen Sie sich, was es kosten wird und wie es sich organisieren lässt! Damit kommen wir zu Punkt 2:
2. **Wann?** Sie müssen wissen und planen, wann Sie etwas erreichen wollen. Solange Sie sich über das Wann keine Gedanken gemacht haben, arbeiten Sie noch nicht motiviert an Ihrem Ziel, sondern bauen Luftschlösser. Ein Luftschloss nicht fertig gebaut zu haben, ist nicht tragisch – man klopft sich auf die Schulter und sagt sich: „Beim nächsten Mal wird es schon klappen."
3. **Wie?** Planen Sie den Weg zu Ihrem Ziel! Machen Sie sich Gedanken, wie und in welchen Schritten Sie Ihr Ziel erreichen werden. Wenn Sie ein Ziel an einen gewissen Umsatz koppeln, machen Sie sich detailliert Gedanken darüber, was zu tun ist, um diesen Umsatz zu erreichen!

Beispiel

Um 100.000 € Provisionsumsatz zu machen, muss ich im Schnitt 50 Geschäfte pro Jahr erfolgreich abschließen. Um 50 Geschäfte erfolgreich abzuschließen, benötige ich im Schnitt 60 Beratungstermine. Um 60 Beratungstermine pro Jahr zu haben, benötige ich durchschnittlich 80 Ersttermine. Um 80 Ersttermine pro Jahr zu haben, benötige ich dafür 100 fest vereinbarte Termine für ein erstes Gespräch. Um 100 Erstgespräche zu terminieren, muss ich mit 200 Menschen telefonieren. Um mit 200 Menschen ein Telefonat führen zu können, muss ich 400 bis 500 Mal telefonieren. Bei angenommenen 200 Arbeitstagen pro Jahr bedeutet das, dass ich jeden Tag mindestens zwei- bis dreimal versuchen muss, einen Ersttermin zu vereinbaren!

Sie merken schon, dass das nur funktioniert, wenn Sie Ihre Statistik genau kennen. Also führen Sie Strichlisten, legen Sie Tabellen über Ihren Umsatz an und nutzen Sie dazu die Werkzeuge, von denen Sie bisher immer dachten, sie dienten nur dazu, Sie zu kontrollieren und zu quälen!

Dritter Bestandteil: **Ation oder auch AKTION!**

Die schönsten Vorsätze und Pläne bleiben inhaltslos und leer, wenn Sie nicht aktiv werden. Lassen Sie nicht zu, dass Ihr innerer Schweinehund Sie abhält von dem, was notwendig ist, um erfolgreich zu werden. Planen Sie Ihr Handeln konkret und zu einem festgelegten Zeitpunkt. Tragen Sie in Ihren Kalender ein, was Sie zu tun planen. Sonst werden Sie tausend Ausreden finden, warum es gerade heute nicht passe zu telefonieren und morgen sei ja, wie immer, auch noch ein Tag!

Haben Sie je selbst gesagt: „Irgendwann werde ich ...!", „Wenn es so weiter geht, dann ...!", „Wenn der Markt noch mal dreht, dann ...!", „Wenn ich mal mehr Zeit habe, dann ...!" Das Motiv oder auch das Ziel stehen schon fest. Doch alleine weil der Zeitpunkt der Umsetzung unbestimmt ist und damit keine AKTION stattfindet, werden Sie es nie erreichen. Also ran an Ihren Kalender und planen Sie Ihren Erfolg ganz konkret! Setzen Sie sich zeitliche Rahmenbedingungen und belohnen Sie sich für schon erreichte Teilschritte.

Wie Sie gerade erfahren haben, steckt in dem Wort EIGENMOTIVATION mehr, als Sie vielleicht vermutet haben. Doch was braucht man noch als Verkäufer, um erfolgreich zu werden?

2.1 Eine POSITIVE GRUNDEINSTELLUNG!

Denken Sie an meine Verkäuferkollegen von früher oder sehen Sie sich einmal in Ihrem eigenen Umfeld um: Des Öfteren werden Sie beobachtet haben, wie sich Verkäufer von Negativem herunterziehen lassen. Ein Termin ist ausgefallen oder ein geplanter Abschluss hat nicht geklappt und schon kommt die Aussage: „Heute ist nicht mein Tag!" Nur, wer es als Verkäufer schafft, sich langfristig immer wieder positiv zu polen, wird und bleibt in diesem Geschäft erfolgreich. Aber wie geht das?

Wie oben schon erwähnt: Werden Sie **aktiv**!
Eine Geschichte hierzu aus meiner Vergangenheit:

> **Beispiel**
>
> Mit meinem ehemaligen Geschäftspartner hatte ich eine feste Vereinbarung. Immer, wenn einer von uns beiden feststellte, dass der andere einen Durchhänger hatte (und glauben Sie mir, Durchhänger gab es und es wird sie immer wieder geben), musste ihn der andere nötigen, gemeinsam zu terminieren. Dies war zunächst anstrengend und unbequem. Und es hätte so viel Anderes gegeben, was gerade an diesem Tag noch zu tun gewesen wäre. Aber die Vereinbarung war eindeutig: NÖTIGEN! Und so war es; wir beide saßen da und terminierten gemeinsam. Und das machten wir auch dann noch, als wir beide schon lange auf Empfehlungsbasis arbeiteten und somit eigentlich gar nicht mehr „kalt" telefonieren mussten. Trotzdem war der Effekt gigantisch! Auch, wenn wir morgens noch missmutig angetreten waren und es doch nur graue Wolken über uns und unserem Geschäft gab, so fuhren wir nur wenige Stunden später – dann mit bester Laune – gemeinsam zum Mittagessen. Woher das sonnige Gemüt auf einmal kam? Wir hatten Termine vereinbart und wussten felsenfest, dass wir Geld verdient hatten. Die grauen Wolken waren vertrieben und wir waren wieder unerschütterlich erfolgreich ... zumindest bis zum nächsten kleinen Tief und dann hatte wieder einer von uns beiden eine Aufgabe: NÖTIGEN!

Denken Sie positiv, also stets in halbvollen, niemals in halbleeren Gläsern. Und das geht am allerleichtesten, indem Sie aktiv werden! Schluss mit den Luftschlössern – ran an den Speck und tun Sie das, von dem Sie wissen, dass Sie es können! Suchen Sie sich zudem ein Umfeld, in dem Ihre positiven Gedanken und Schwingungen auf fruchtbaren Boden fallen. Befreien Sie sich von den Negativdenkern und Gefahrensuchern und umgeben Sie sich mit Menschen, die das Positive suchen, die neidlos und motivierend sind und im Zweifelsfall konstruktive Kritik üben.

2.2 Ohne Fleiß kein Preis!

Stellen Sie sich folgende Situation vor: Ihr Unternehmen plant schon seit Längerem eine Mailingaktion. Alle langjährigen Bestandskunden des Hauses würden angeschrieben, da es Veränderungen bei wirtschaftlichen oder inhaltlichen Rahmenbedingungen gäbe und daraus die Notwendigkeit entstünde, sich über bestehende Verträge zu unterhalten. Das Mailing würde gesendet und keiner oder nur wenige Kunden meldeten sich. Eine alte Regel im Verkauf besagt: Ein Mailing ist nur so erfolgreich, wie der, der die Kunden anschließend anruft. Es gibt jetzt zwei Kollegen im Team. Kollege 1 sagt: „Na ja, war ja irgendwie klar. Heute noch telefonieren? Nein, das klappt leider nicht. Ich habe schon lange eine Einladung zum Geburtstag meiner Großtante. Schade, ich hätte so gerne mitgemacht!"

Kollege 2 antwortet: „Her mit der Telefonliste, dann komme ich eben ein wenig später zu der Feier meiner Tante!"

Sie ahnen schon, welcher der beiden der wohl langfristig erfolgreichere Verkäufer werden wird. Und obwohl dies alles für uns so offensichtlich ist, so ist es doch verwunderlich, dass Fleiß und Hilfsbereitschaft Tugenden sind, die im modernen Verkauf nicht mehr selbstverständlich zu sein scheinen. Viele glauben mit Cleverness alles ausgleichen zu können. Dies stimmt leider nur bedingt. Denn manches im Verkauf lässt sich nur durch gemachte Erfahrungen erlernen. Und wie wollen Sie diese auf der Geburtstagsfeier Ihrer Großtante machen?

2.3 Freundlichkeit ist eine Sprache, die Taube hören und Blinde lesen können!

Müssen Sie nun zu einem Menschenfreund mutieren, der mit jedem kann und will? Dazu mehr im Kap. 9!

Fassen wir also zusammen:

Fazit

Die Grundvoraussetzungen für einen dauerhaft erfolgreichen Verkäufer sind:
- Eigenmotivation
- Positive Grundeinstellung
- Fleiß
- Menschenfreundlichkeit

Wenn Sie diese Voraussetzungen mitbringen, lässt sich der Rest problemlos erlernen und trainieren. Und dazu gehören auch Dinge, von denen Sie bisher dachten, die müssten schon gegeben sein. So zum Beispiel:
- Charisma
- Auftritt
- Benehmen
- Empathie

Exkurs: Interview mit Helmut Käs

Helmut Käs ist Geschäftsführer eines der größten Autohäuser eines Premium-Autoherstellers in München.

Gibt es den geborenen Verkäufer?

Ja. Wenn auch in nur ganz seltenen Fällen. Diesen Menschen sind von Natur aus Voraussetzungen auf den Weg gegeben worden, die sie zu geborenen Verkäufern machen. Sie sehen gut aus, die haben eine tolle Stimme, denen hört man gerne zu, sie können aber auch selbst gut zuhören und das alles auf eine sehr sympathische Art und Weise. Dass diese Kombination relativ selten ist, liegt auf der Hand. Meiner Meinung nach sind es unter zehn Prozent aller Verkäufer, die eine vergleichbare Kombination angeboren ihr Eigen nennen dürfen. Der große Rest hat die tolle Chance, Verkauf und Verkaufstechniken erlernen zu dürfen und zu können.

Verstehen Sie sich als Verkäufer?

Ja. Wenn auch die Stellenbeschreibung meines Unternehmens für den Beruf Verkäufer und für meine Stelle ein klein wenig voneinander abweichen. Mein Verkauf sieht eher so aus, dass ich Ansprechpartner unserer Kunden bin. Und das beinahe in allen Lebenslagen. Ich repräsentiere meinen Arbeitgeber und werde daher von vielen Menschen angesprochen oder ich gehe aktiv auf diese zu. Zurückhaltung bringt im Verkauf nun mal nichts. Und dann gibt es da gerade beim Thema Auto natürlich immer etwas zu besprechen und es fällt mir relativ leicht, den Bogen zu schlagen und zum Beispiel eine Probefahrt anzubieten. Wenn dann dadurch ein Verkauf zustande kommt, dann ist es wohl richtig, dass ich dieses Geschäft angestoßen habe. Die vertragliche Abwicklung erledigt dann einer meiner professionellen Verkäufer.

Welche Rolle spielt Verkauf in Ihrer Karriere?

Eine sehr große! Alles, was in meiner beruflichen Karriere geschehen ist, habe ich dem Verkauf – so wie ich ihn oben definiert habe – zu verdanken. Vor langen Jahren habe ich – angestoßen durch meinen damaligen Chef – einen komplett neuen Geschäftszweig für unser Unternehmen entwickelt, nämlich den Verkauf von gebrauchten Ersatzteilen. Das waren Teile von Versuchs- und Entwicklungsfahrzeugen, die bis dahin noch nicht verwertet, sondern verschrottet wurden. Diese habe ich dann zunächst nur aus Paletten heraus verkauft und über Empfehlungsmarketing hat sich das sehr schnell herumgesprochen. Daraus wurde im Laufe der Jahre ein lukrativer Geschäftszweig. Dies hat dann natürlich auch wieder Wellen nach oben geschlagen und da hat man sich dann irgendwann gefragt: Wer ist denn eigentlich dieser Käs, der da aus Schrott Gold macht?

Welche persönlichen Eigenschaften bringt ein guter Verkäufer mit?

Aus meiner Sicht sind gute Verkäufer verbindlich, zuverlässig und hartnäckig. Das heißt, es wird nur das versprochen, was gehalten werden kann, das Versprochene wird eingehalten und dann bleibt man auch dran und macht etwas daraus. Gute Verkäufer können auch zunächst geben ohne gleich direkt etwas zu erwarten (Stichwort: Dienen kommt vor Verdienen). Gute Verkäufer haben auch hohe empathische Fähigkeiten und können sich Ihren Kunden anpassen ohne sich dabei zu verbiegen. Das heißt, diese Verkäufer gewinnen sehr sicher und sehr häufig das Vertrauen ihrer Kunden.

Welche Rolle spielt Networking dabei?

Networking ist für mich eine spezielle Form der Neukundengewinnung. Das Schöne daran für mich ist, dass die normalen Gepflogenheiten des Fahrzeugverkaufes überflügelt werden. Das heißt, dass nicht der Kunde ins Autohaus kommt und sich umschaut und dann der Verkäufer seine Fragen beantwortet und dann versucht ihm etwas zu verkaufen, sondern bei Networking ist es so, dass der Kunde – wenn es geschickt gemacht ist – von Anfang an etwas von uns will. Dadurch hat es auch nicht diesen hochoffiziellen, geschäftlichen Touch, sondern die Basis ist eine ganz andere und der Kunde hat das Gefühl, dass das eher etwas Privates ist, wenn er bei mir ein Auto kauft.

Was zeichnet Verkäufer aus, die selbst in schlechten Zeiten noch gut verkaufen?

Zur Beantwortung dieser Frage ziehe ich gerne das Beispiel von einem unserer erfolgreichsten Verkäufer heran, der by the way auch noch mein Cousin ist. Der liefert zunächst ein qualitativ sehr hochwertiges Geschäft ab, das heißt, dass er Kunden sehr gut und fair berät und dass diese mit ihrem Autokauferlebnis sehr zufrieden sind. Schon alleine dadurch wird er sehr häufig weiterempfohlen und sein Networking funktioniert hervorragend. Er denkt aber auch bei jedem Verkauf immer schon an das Folgegeschäft, das heißt, er bleibt an den Kunden dran, leistet einen super Service und bleibt mit seinen Kunden in Kontakt. Er stimmt auch nicht in das Klagelied anderer Kollegen ein, sondern er zieht sein Ding durch und überlegt sich immer, wie es geht und nicht wie es nicht geht. Das muss er auch, denn zum Jammern hat er aufgrund seines Erfolges gar nicht die Zeit.

Was sind Herausforderungen, die es im Verkauf zu meistern gilt?

Handel ist Wandel! Das heißt, ein erfolgreicher Verkäufer zu sein und zu bleiben erfordert gerade in unseren Zeiten ein hohes Maß an Flexibilität. Erfolgreiche Verkäufer stellen sich permanent auf sich verändernde Märkte ein, sie passen sich an sich verändernde Kundenstrukturen an, sie reagieren positiv auf Produktveränderungen und suchen darin immer ihre Chance und nicht den Verkaufshinderungsgrund. Eine große Herausforderung, die es in unseren Zeiten auch noch zu meistern gilt, ist die irrsinnig hohe Transparenz der Preise – zum Beispiel bedingt durch das Internet. Gute Verkäufer schaffen es, die Aufmerksamkeit des Kunden auf Produktdetails, Mehrwerte und Vorteile zu lenken und dadurch spielt der Preis eine untergeordnete Rolle.

Wem würden Sie abraten, sich für den Beruf des Verkäufers zu entscheiden?

Dazu bemühe ich noch mal eine uralte Verkaufsfloskel, die sich „Die 4 M des Verkaufens!" nennt: „Man Muss Menschen Mögen!" Wer diesen Satz nicht für sich bejahen kann, wer mit Menschen generell ein Problem hat und wem es auch schwerfällt auf Menschen zuzugehen, der sollte lieber in einem anderen Bereich tätig werden. Es sei denn, die Produkte verkaufen sich über anonyme Plattformen im Internet und Käufer und Verkäufer lernen sich gar nicht persönlich kennen. Ich weiß allerdings nicht, ob ich so jemanden als Verkäufer bezeichnen würde oder ob der nicht einfach ein Geschäftsmann mit einem ganz anderen Geschäftsmodell ist.

Wen hätten Sie gerne mal eine Woche in Ihrem Team?

Also obwohl ich Münchner bin – definitiv Jürgen Klopp! Er hat eine positive Lebenseinstellung, wirkt locker, sympathisch und trotzdem verbindlich. Er lässt sich an seinem Erfolg messen und hat zweimal einen Verein zu Höchstleistungen geführt. Mainz und Dortmund. Er hat junge Spieler aufgebaut und jeweils zu einem Team geformt. Da brauchst du auch ein gewisses Geschick, das man nicht lernen kann. Sein Geschick im Umgang mit Menschen hat wahrscheinlich auch schon zu seiner aktiven Zeit als Spieler jemand erkannt, sonst wirst du nicht so einfach Trainer. Auch Kontinuität gehört zu seinem Erfolg, er hat sich immer erst mit harter Arbeit seinen Erfolg erkämpft! Ich bin mir zwar nicht sicher, ob er wahnsinnig viel verkaufen würde, aber ich würde zu gerne sehen, was er noch so alles aus meinem Team herausholt!

Was für eine interessante Anekdote fällt Ihnen ein, wenn Sie an Verkauf denken?

Anlässlich der Neuvorstellung eines unserer Modelle waren VIP-Kunden unseres Hauses in eine Kino-Preview eingeladen, in der eben dieses Auto eine gewichtige Rolle – einen „Italian Job" – spielte. Die ersten beiden Reihen des Kinos waren für Presse und Geschäftsführung reserviert. Ein Mann mit seiner Tochter war etwas spät dran und er fand keine zwei anderen Plätze mehr, auf denen er mit seiner Tochter zusammen sitzen konnte. Daher nahm er mit seiner Tochter in der zweiten Reihe Platz. Eine Mitarbeiterin unseres Hauses nahm ihren Job sehr ernst und bat die beiden sich andere Plätze zu suchen. Die daraufhin aufkommende Diskussion habe ich verfolgt und mich dann irgendwann eingeschaltet und den Herrn gebeten, doch sitzen zu bleiben und den Film mit seiner Tochter zu genießen. Nach der Vorstellung kam der Mann auf der Afterparty zu mir und hat sich bedankt und mir erzählt, wie nett er das fand. Wir tauschten unsere Kontaktdaten aus und ich konnte weder mit seinem Namen noch mit seiner Firma etwas anfangen. Medien – so viel verstand ich. Er sagte mir auch, dass er wohl keines dieser schönen neuen Autos kaufen würde, weil er sich für seine Tochter schon für ein Modell eines unserer Marktbegleiter entschieden hat.

Nach der Veranstaltung bat ich meine Sekretärin, dem Herrn ein Modell unseres Autos zu schicken und ich fügte eine Karte bei, mit den Worten: „Wenn es schon nicht mit dem Großen klappt, dann wenigstens mit dem Kleinen!" Wochen später lud der Herr mich in seine Firmenzentrale ein. Ein beeindruckendes Gebäude und er war wohl der Inhaber und Chef. Im persönlichen Gespräch erklärte er mir erst mal, dass er einer der Inhaber einer der führenden Mediengruppen unseres Landes ist und dass er sich daher auf den Presseplätzen eigentlich ganz gut aufgehoben gefühlt hatte. Dann bestellte er eines dieser schönen neuen Autos bei mir und sagte, dass er den zwar nicht für seine Tochter benötigen würde, aber irgendjemand in der Firma würde schon etwas damit anfangen können. Unverhofft kommt oft und manchmal muss man einfach in Vorleistung gehen!

3 Verkäufer sind schmierig

Wenn Sie in einer x-beliebigen deutschen Stadt 1000 Menschen darum bäten, einen typischen Verkäufer zu beschreiben, käme durchaus ein repräsentatives Bild zustande. Allerdings vermute und hoffe ich, dass Ihnen dieses Bild nicht sonderlich gefallen würde.

Für die meisten Menschen sind typische Verkäuferattribute:

- schmierige Haare
- schlechter, aber auffälliger Anzug
- protzige Uhr
- schmutzige Schuhe
- abgewetzte Kragenecken
- peinliche Krawatte
- etc.

Vielleicht sagen Sie jetzt im Umkehrschluss, nachdem Sie selbst nicht so aussehen, dass Sie dieses Kapitel gleich überspringen können. Doch ganz so einfach ist es nicht. Denn das oben beschriebene Bild gibt ja nur wieder, wie durchschnittliche Menschen einen Verkäufer sehen. Es sagt wieder einmal mehr darüber aus, was Menschen über diesen Beruf denken. Es sagt allerdings nichts darüber aus, wie Verkäufer tatsächlich aussehen. Und tatsächlich sehen durchschnittliche Verkäufer zum Glück meist nicht so schlimm aus, wie oben beschrieben.

Sollten Sie allerdings den Anspruch haben, sich vom Durchschnitt abzuheben, gibt es auch an dieser Stelle wieder etwas zu tun. Setzen Sie sich kritisch mit Ihrem Äußeren auseinander. Unterschätzen Sie die Wirkung des ersten Eindruckes nicht, denn gerade da entsteht beim Kunden ganz viel Vertrauen und Sympathie – im Zweifelsfall aber auch Ablehnung. Und die Chance des ersten Eindruckes bietet sich nur einmal!

Mein Verkaufsgebiet als Autoverkäufer war ein Teil der Münchner Innenstadt. Dazu gehörten sehr renommierte Gegenden mit vielen Anwaltskanzleien und tollen Unternehmen, dazu gehörte aber auch ein Teil des Münchner Bahnhofsviertels. Und dieses sieht selbst in München nicht viel anders aus als in den meisten anderen Großstädten: Bars, Spelunken, Rotlicht, billige Hotels, hoher Migrationshintergrund.

In meiner Kundenkartei stolperte ich über eine Karteileiche: Bar Erna (der Name ist erfunden – also fahren Sie nicht los, um danach zu suchen). Mein Vorgänger hatte eingetragen, man solle diese Bar und deren Besitzer unbedingt meiden. Ein unfreundlicher, abweisender Typ aus dem Rockermilieu, ohne Potenzial. Sogar das Wort Zuhälter tauchte in der Beschreibung auf. Je unmöglicher etwas scheint, umso mehr reizt es mich herauszufinden, ob es denn tatsächlich so ist. Also bin ich eines schönen Nachmittags nach erfolgreich absolvierten Terminen und mit

3 Verkäufer sind schmierig

bester Laune zur Bar Erna gefahren. Als Autoverkäufer im Außendienst, der sich mit der Fuhrparkverwaltung gut verstand, fuhr ich in dieser Woche einen Mercedes 560SEC. Der qualifizierten Verkäuferausbildung hatte ich es zu verdanken, dass ich gepflegt gekleidet war: dunkler Anzug, weißes Hemd, dezente Krawatte, schwarze Socken, saubere schwarze Schuhe. Ich selbst ein Jungspund mit kurzen Haaren und käseweiß (zu viel gearbeitet, zu viel gefeiert und zu wenig geschlafen).

Wild entschlossen und auf alles vorbereitet betrat ich die Bar Erna. Von zehn Tischen waren nur zwei belegt und der Tresen menschenleer. Dahinter ein Typ mit langen, grau gesträhnten Haaren, zum Pferdeschwanz gebunden, Jeans, T-Shirt und Tätowierungen an beiden Armen. Ich setzte mich zu ihm an die Theke und fragte, ob ich auch nur eine Tasse Kaffee haben könne. Er erwiderte, der mache die meiste Arbeit. Und eben dies sei der Grund, weshalb ich einen wolle, entgegnete ich lachend. Er lachte ebenfalls und fing an, an seiner Kaffeemaschine herumzuhantieren. Ohne mich anzusehen, das heißt, mit mir zugewandtem Rücken, fragte er, was ich IHM denn verkaufen wolle. Darauf antwortete ich, dass es mir zunächst einmal darum ginge, den Typen zu sehen, vor dem mein Vorgänger mich so eindringlich gewarnt hatte. Schlagartig drehte er sich um, verstreute dabei etwas Kaffeepulver und mir wurde flau in der Magengegend. Er musterte mich eingehend und fragte mich, ob ich von Mercedes käme. So war es in der Tat und nun wollte ich wissen, weshalb er das vermutete. Der Barkeeper erklärte, vor einiger Zeit sei ein Vertreter in seiner Bar gewesen: Krawatte auf halb acht, ungepflegte Schuhe, ohne Jackett und Sitzfalten in der Hose. Zu allem Überfluss hätte er sich ihm gegenüber so herablassend verhalten, dass er ihn schnell wieder verabschiedet hätte. Ich konnte mir gut vorstellen, was es bedeutete, wenn er jemanden verabschiedete, darum fragte ich nicht weiter nach. Stattdessen deutete ich grinsend auf den Kaffee in seiner Hand, er grinste zurück und werkelte weiter an seiner Maschine. Sein nächster Satz war: „Schönes Auto, das Sie da dabei haben!" Letzten Endes machte ich mit ihm und der Bar Erna ein wunderbares Geschäft: Ein Mercedes 500SL, bar bezahlt.

Die Pointe der Geschichte haben Sie schon längst erkannt. Dieser Mensch hatte einen Anspruch, wie mit ihm umgegangen wird und diesen Anspruch wollte er erfüllt haben – unabhängig davon, wie er selbst gekleidet war und wie er aussah.

Ähnliche Bespiele finden sich auch ganz leicht in anderen Berufsgruppen. So zieht sich der Landwirt saubere und ordentliche Kleidung an, wenn er ein Bankgespräch hat oder mit seiner Frau zum Einkaufen geht. Der Automechaniker geht nicht in seinem Blaumann zu wichtigen Terminen. Und damit zeigen diese beiden, dass ihr Beruf nichts damit zu tun hat, wie sie sich in anderen Bereichen ihres Lebens bewegen wollen.

Wir als Verkäufer neigen dazu, uns manchmal unseren Kunden anpassen zu wollen und gehen in eher zu legerer Kleidung zu Menschen, die aufgrund ihres Berufes selbst anders gekleidet sind. Deren Beruf und die dafür angemessene Kleidung sagt allerdings nichts darüber aus, wie sich diese Menschen jemanden vorstellen, der ihnen etwas verkaufen will oder der mit ihnen zusammenarbeiten will. Wenn Sie jemanden also noch nicht genau kennen, dann gehen Sie lieber zu gut als zu schlecht angezogen hin. Denn nach unten zu korrigieren geht sehr einfach – aus dem Polohemd mehr herauszuholen fällt allerdings sehr schwer.

Ja, es ist einfach, besser auszusehen, als die meisten Menschen sich einen Verkäufer vorstellen. Stellen Sie Mindestansprüche an sich selbst und achten Sie peinlich genau darauf, dass auch mit zunehmender Routine an dieser Stelle keine Nachlässigkeiten entstehen.

> **Exkurs: Ein gelungener erster Auftritt – von Kleidung bis Charisma**
> Sie haben selbst schon mal einen Laden betreten, um dort einzukaufen und ein Verkäufer kam auf Sie zu. Und völlig unterbewusst wussten Sie vom ersten Augenblick an, ob Sie bei diesem Menschen etwas kaufen werden oder nicht.
>
> Dies lag nicht etwa an irgendwelchen rationellen Gründen wie zum Beispiel der Auswahl der Produkte oder dem Preis, sondern einzig und alleine an der Wirkung, die der Verkäufer auf Sie hatte – im Positiven oder im Negativen.
>
> Wir könnten das jetzt lapidar abtun mit Aussagen wie „Na ja, die Chemie hat halt nicht gepasst!" oder „Ausstrahlung hat man oder man hat sie nicht!", aber ich glaube, ganz so einfach ist es nicht und unsere Einflussfaktoren auf die Wirkung unseres ersten Auftritts sind deutlich zahlreicher als wir uns das vorstellen.
>
> **Kleider machen Leute**
> Sehr häufig diskutiere ich in meinen Trainings über den passenden Kleidungsstil. Viele Teilnehmer sind dabei der Meinung, dass Kleidung in allererster Linie zum Träger passen und authentisch sein muss. Ja, Kleidung sollte zum Träger passen. Gewählte Farben sollten zum Typ passen. Die Größe muss stimmen und die gewählte Kleidung muss auch zum Produkt oder der Dienstleistung passen, die der Verkäufer an den Mann oder die Frau bringen will. Aber doch kann, darf und muss der Anspruch, den wir an uns selbst stellen, überprüft werden.
>
> Unterschätzen Sie die Wirkung des ersten Eindruckes nicht, denn gerade da entsteht beim Kunden ganz viel Vertrauen und Sympathie – im Zweifelsfall aber auch Ablehnung. Und die Chance des ersten Eindruckes bietet sich – wie gesagt – nur einmal!

Der kleine Kleiderknigge für Sie und Ihn:
Für IHN:

Anzug:
- Dunkelblau oder dunkelgrau
- Schwarz (nicht bei allen Anlässen, da steifer)
- Hellere Grau- oder Beigetöne (im Sommer, als dunkler Typ)
- Qualität sieht man! Polyester auch! Mindestens Super 100 (Stoffgewicht!)
- Gebügelt!
- Die äußeren Jackentaschen bleiben leer! Zugenäht lassen, dann geht nichts schief!
- No Go: Rot, weiß, grün, das heißt Farben außer den oben genannten, Muster, wie zum Beispiel fette Nadelstreifen oder (außer in England) Karos, Kombinationen

Hemd:
- LANGARM! (keine Diskussion!) D. h. der Ärmel des Hemdes ist unter dem Jackenärmel knapp zu sehen.
- Weiß oder hell (maximal mittelblau)
- Streifen oder Karos gehen (wird allerdings dann mit dem Anzug, den Schuhen und dem Gürtel schwieriger – mit Beratung kaufen!)
- Bei schwierigeren Körperformen: Schneider (kostet heute nicht mehr die Welt!)
- Kragenstäbchen nicht vergessen!
- Eventuell Umschlagmanschette (formeller – passt nicht überall)
- Gebügelt!

Krawatte:
- Generell: Krawatte muss nicht überall sein. In Erstkontakten empfehle ich sie allerdings immer. Hier gilt: Besser overdressed als underdressed!
- Farblich abgestimmt (lassen Sie sich beraten – es gibt Menschen, die das beruflich machen!)
- Richtig gebunden (das Ende der Krawatte ist auf Höhe der Mitte der Gürtelschnalle)

Schuhe:
- Schwarz oder dunkel- bis maximal mittelbraun
- Rahmengenäht (hört sich teurer an, als es heute ist)
- Qualitativ hochwertige Schuhe erkennt man, sie halten länger und sind daher das Mehr an Investition mehr als wert!

Kniestrümpfe/Socken:
- Dunkel und abgestimmt auf den Anzug, schwarz geht meistens
- Bei Socken: Ihr nacktes Bein ist nicht zu sehen, wenn Sie sitzen, das heißt, auf Länge und Sitz achten!

Gürtel:
- Farblich abgestimmt auf die Schuhe. Wenn Sie nicht genau den Farbton der Schuhe treffen, dann nahe an der Anzugfarbe und tendenziell dunkler als die Schuhe.
- KEINE Verzierungen!
- KEINE Koppelschnallen!

Accessoires:
- Einstecktuch: schön aber sehr elitär, sehr Upperclass
- Stift: wertig, aber Vorsicht mit dem, zur Schau gestellten Schweizer Modell
- Uhr: ein heikles Thema! Männer achten tendenziell mehr auf Uhren als Frauen. Bei manchen Männern ist eine Uhr gar ein Zeichen, wie der Träger mit dem Medium Zeit umgeht. Und Zeit ist manchen Menschen sehr wichtig! Also ja zur Uhr! Wertig sollte sie sein. Kein Plastik oder Gummi. Es muss nicht die große Marke sein. Eine schöne, klassische Uhr mit Lederband nimmt einem keiner übel, sie passt sehr gut zum Anzug und Sie halten der Beobachtung eines „Zeitfetischisten" stand.

Dies ist nur ein kleiner Ausschnitt aus vielen Kriterien und Möglichkeiten. Generell gilt: Wenn Sie unsicher sind, dann suchen Sie sich Beratung und Hilfe. In guten, renommierten Bekleidungshäusern finden Sie immer einen Herrn, von dem Sie Rat und Hilfe gerne annehmen werden. Achten Sie darauf, wie er selber gekleidet ist! Sie wollen nicht in der Disco punkten, sondern bei Ihren Kunden!

Für SIE:

Anders als in der Männerkleidung sind die Grenzen hier nicht so deutlich abgesteckt. Aber auch hier gelten Grundregeln.

Kleidung:
- Es gehen sowohl Kostüm als auch Hosenanzug oder ein zum Anlass passendes Kleid. Das Kostüm gilt als die formellste Variante.
- Qualität sieht man auch hier.
- Lieber dezent als zu sexy! Der Rock endet im kürzesten Fall über dem Knie, der Ausschnitt muss im Business bestehen – nicht auf dem Oktoberfest.

- Blusen kann frau sich schneidern lassen! Anders als bei den Männern geht bei den Frauen auch eine Kurzarmbluse oder ein Kurzarmoberteil. Die Schultern sind aber bedeckt. Der Stoff ist blickdicht. Farben: Nicht zu bunt!

Schuhe:
- Bei den Damen geht im Sommer auch offen.
- Absatz ja, aber keine Stilettos

Schmuck:
- Ja, aber nicht überladen

Exkurs: Interview mit dem Inhaber eines Maßkonfektionsgeschäftes in München – Rolf-Werner Dorls

Rolf-Werner Dorls hat ein bewegtes Leben in der Bekleidungsbranche hinter sich. So war er unter anderem Zentraleinkäufer für ein führendes Bekleidungsunternehmen und ist seit 2004 Inhaber eines Emanuel Berg Maßkonfektionsgeschäftes in München.

Wie ist nach Ihrer Wahrnehmung die deutsche Geschäftsfrau/der deutsche Geschäftsmann gekleidet?

Ehrlich gesagt leider stark verbesserungswürdig. Und das sage ich nicht, weil es mein Beruf ist und weil ich dadurch gerne mehr Geschäft machen würde, sondern leider sind es sehr häufig offensichtliche Dinge, die einem geradezu ins Auge stechen.

Was sind die häufigsten Ansätze für Verbesserungsvorschläge Ihrerseits?

Das was mir am häufigsten auffällt, ist, dass Geschäftsleute mit nicht wirklich passender Kleidung auftreten. Ärmel sind sehr häufig zu lang, Schultern zu breit, Krägen zu eng oder zu weit etc. Und obwohl es dann manchmal noch nicht mal billige Kleidung ist, die da getragen wird, so leidet doch der Gesamteindruck darunter stark. Es sieht einfach nicht professionell und gut vorbereitet aus, wenn man im schlecht sitzenden Kommunionsanzug beim Kunden erscheint und da wundert es mich dann nicht, wenn so mancher Kunde beim Angebot eines solchen Geschäftsmannes zweimal hinschaut.

Abgesehen vom Sitz der Kleidung fällt mir häufig auf, dass einfach zu wenig Wert auf Qualität gelegt wird. Und dabei ist die Kleidung in vielen Berufen das einzige, wo der Geschäftsmann wirklich in sich selbst investieren kann. Abgesehen von Körperpflege, aber die setze ich jetzt einfach mal voraus. Da fährt er mit dem teuren Leasingwagen vor, aber er selbst sieht aus, als ob er mit den öffentlichen Verkehrsmitteln zum Termin angereist wäre. Und das meine ich jetzt nicht despektierlich für die Bahn.

Tja, und dann gibt es da noch den Punkt mit den Farben. Ich habe ja Verständnis dafür, dass so mancher Mann sich da ein wenig schwer tut, die farblich passende Krawatte oder das passende Hemd auszuwählen. Aber auch, wenn man es anders vermuten würde, so liegt auch die daneben stehende Gattin nicht gezwungenermaßen immer richtig. Mein Tipp: Wenn Ihnen mal ein Bild in einer Zeitschrift auffällt, auf dem Sie einen gut gekleideten Menschen sehen, dann reißen Sie es heraus und bringen es zum Einkauf mit. Und dann suchen Sie zusammen mit dem Verkäufer das für Sie Passende heraus.

Was ist in Sachen Kleidung Pflicht und was ist Kür?

Pflicht sind meines Erachtens für einen Mann ein dunkelgrauer und ein dunkelblauer *Anzug*. In guter Qualität und passend. Dazu vier bis sechs farblich passende Hemden. Die kann man sich heutzutage immer schneidern lassen. Denn die passen auf jeden Fall besser, kosten je nach Stoffqualität kein Vermögen und sind es sicher wert. Unabdingbar sind meines Erachtens auch hochwertige Schuhe. Denn gerade bei den Schuhen sieht man Qualität auch sehr deutlich und dort ist gute Qualität sogar eine Gesundheitsfrage.

Für eine Frau gilt das analog. Allerdings sind es hier Kostüme oder Hosenanzüge und eben die dazu passenden Blusen.

Kür sind für mich Manschettenknöpfe, schöne Einstecktücher und dann eben alles, was Mann oder Frau sich maßschneidern lässt und was über die Bluse und das Hemd hinausgeht. Also Anzüge, Mäntel maßgeschneidert oder maßgefertigte Schuhe.

Welche Fehler werden beim Bekleidungskauf am häufigsten begangen und wie kann man sie umgehen?

Der häufigste Fehler beim Bekleidungskauf ist meines Erachtens, dass der Preis bei vielen Menschen im Vordergrund steht. Sehr häufig wird gewartet, bis ein Kleidungsstück, im wahrsten Sinne des Wortes, den Geist aufgibt und dann wird losgerannt und beim erstbesten Schnäppchen, oder gar im Schlussverkauf, wird dann zugeschlagen. Wenn es dann günstig genug ist, dann darf es auch mal eine Nummer zu groß oder zu klein sein. Planen Sie den Neukauf von Hemden oder von Anzügen rechtzeitig, nehmen Sie sich die Zeit und die Muße etwas Schönes auszuwählen, in dem Sie sich auch wohl fühlen, und das etwas Mehr an Investition zahlt sich deutlich aus. Durch höhere Langlebigkeit, durch höheren Tragekomfort und nicht zuletzt durch bessere Passform.

Welche Entwicklungen oder Trends nehmen Sie im Augenblick wahr und sollte Mann/Frau ihnen folgen?

Es gibt schöne Trends. Tolle, wunderbar zu tragende Stoffe oder auch sehr schöne Farben. Jedoch sollte man gerade bei den Farben vorsichtig sein und tatsächlich etwas wählen, was zu einem selbst passt und es nicht nur kaufen, weil es im Augenblick im Trend ist.

Ähnlich verhält es sich bei den Schnitten. Der Trend im Anzugbereich geht seit einiger Zeit zu sehr eng und knapp geschnittenen Anzügen. Häufig kommen Menschen zu mir und haben das Bild eines Models oder eines bekannten Schauspielers dabei und dann sagen Sie zu mir: Den *Anzug* will ich auch! Es fällt mir dann sehr schwer, diesen Menschen begreiflich zu machen, dass dieser Schnitt ihnen leider nicht stehen wird, da sie nicht die Maße von Brad Pitt oder Angelina Jolie haben.

Was sagen Sie zu dem Stichpunkt: „Das Sterben der Krawatte!"?

Ich glaube, dass die Krawatte nie ganz sterben wird, da sie in bestimmten geschäftlichen Umfeldern schlicht ein Muss ist. Allerdings glaube ich, dass Krawatte nicht immer sein muss. Ein guter *Anzug* oder eine schöne Kombination und ein tolles Hemd und dann ist derjenige sehr gut angezogen.

Inwiefern gehört richtige Kleidung nach Ihrer Ansicht zu einer professionellen Geschäftsvorbereitung?

Die richtige Kleidung ist unabdingbar. Gerade in gehobenen Geschäftssegmenten wird dazu übergegangen, dass professionelle Bekleidungscoaches Geschäftsleute bei der Auswahl ihrer Kleidung unterstützen und dies sogar individuell zum jeweiligen Anlass oder der jeweiligen Geschäftsreise. Dieser Aufwand ist natürlich enorm und nicht zu jedem Budget passend, aber doch können wir daraus etwas lernen: Je professioneller – desto vorbereiteter! Auch in Bezug auf Kleidung!

Welche Persönlichkeit des öffentlichen Lebens ist nach Ihrer Ansicht ein Vorbild in Sachen Kleidung?

Da kann man ja leider nur immer die Fotos beurteilen, die einem in Zeitschriften auffallen. Und in Sachen Klatschpresse bin ich ehrlich gesagt nicht so belesen (lacht). Unter den Politikern hat mir Herr zu Guttenberg sehr gut gefallen. Bei den Schauspielern finde ich im konservativen Bereich Sean Connery toll oder auch George Clooney (jetzt lacht die Frau im Hintergrund).

An wem sollte man sich besser kein Beispiel nehmen?

An Helmut Kohl oder Angela Merkel. Nein jetzt mal ernsthaft… ich finde es schon bemerkenswert wie sehr man im Bundestag unterschiedliche

Gesinnung anhand der Kleidung erkennen kann. Und obwohl die Grünen da in den letzten Jahren deutlich besser geworden sind (zumindest in der Führungsriege), so finde ich doch so manches Outfit, das da im Bundestag getragen wird, schlicht bemerkenswert.

Von welchen Landsleuten können wir noch etwas lernen?

Obwohl nicht alles bei uns tragbar ist, was da südlich des Brenners getragen wird, so sind die Italiener ein im Schnitt sehr gut gekleidetes Volk. Dort spürt man, dass man sich über seine Kleidung Gedanken macht, bevor man ins Büro oder am Wochenende ausgeht. Auch das Gefühl der Italiener für Farbe und generell für Kombinationsmöglichkeiten finde ich super. Wenn es etwas konservativer sein darf, dann kann man auch bei den Engländern mal hinsehen. Allerdings empfiehlt sich deren Kleidungsstil eher für unseren Winter. Schon alleine aufgrund der schweren Stoffe.

3.1 Der Schlüssel zum Verkaufserfolg: Ein charismatischer Auftritt!

Das Wort Charisma kommt aus dem Griechischen und bedeutet so viel wie Gnadengabe. Im Umgangssprachlichen wird das Wort Charisma meistens für Menschen verwendet, die eine besondere Ausstrahlung haben. Ist einem diese Ausstrahlung denn gegeben oder kann man sie eventuell auch erlernen?

Hierzu wieder eine kleine Anekdote:

Beispiel

Vor nicht allzu langer Zeit saß ich mit meiner Lebensgefährtin vor dem Fernseher und wir sahen uns eine Sendung über die russische Mafia an. Das Kamerateam begleitete drei dieser Herren über einen längeren Zeitraum. Der eine war ein einfacher russischer Straßen-Mafioso in St. Petersburg. Der zweite lebte in Moskau und hatte augenscheinlich schon zwei bis drei Karrierestufen hinter sich gebracht und der dritte lebte an der Côte d'Azur und hatte die Fäden in der Hand.

Als wir die spannende Reportage einige Zeit verfolgt hatten, meinte meine Lebensgefährtin plötzlich, dass der an der Côte d'Azur lebende Mafioso ihrer Meinung nach Charisma hatte. Ich bin fast von der Couch gefallen und obwohl ich zu diesem Zeitpunkt schon lange mit diesem Thema vertraut war, schon

Trainings dazu gab und an meinem aktuellen Buch schrieb (in dem das Thema Charisma auch eine Rolle spielt), so fiel es mir doch auf den ersten Blick nicht auf, dass dieser Mann nahezu alle Voraussetzungen eines charismatischen Menschen erfüllte. Damit will ich die im Raum stehende Frage beantworten, ob man Charisma denn erlernen kann. Zu einem gewissen Teil ganz bestimmt. Manches wurde diesem Mann bestimmt in die Wiege gelegt, andere Aspekte seiner Persönlichkeit hatte er sich im Laufe seines Lebens ganz sicher antrainiert. Manche Eigenschaften muss man sicher mitbringen, aber andere sind doch deutlich trainierbar und man kann auf diese Weise seine charismatische Ausstrahlung enorm steigern. In den folgenden Zeilen will ich Ihnen vier der vielen Attribute von Charisma näher bringen.

3.2 Charismatische Menschen sind selbstbewusst!

Selbstbewusstsein heißt sich seiner selbst bewusst zu sein. Sind Sie sich Ihres Selbst bewusst? Machen Sie doch eine kurze Übung mit mir zusammen und lesen Sie bitte erst dann weiter, wenn Sie die Übung beendet haben!

Schnappen Sie sich ein Stück Papier und einen Stift, dann sehen Sie auf die Uhr und anschließend schreiben Sie bitte innerhalb von zwei Minuten so viele positive Aspekte, Eigenschaften, Vorlieben, Fähigkeiten, Ausbildung etc. über sich selbst auf, wie Ihnen in dieser Zeit einfallen! Los! ☺

Ist Ihnen das leicht gefallen? Hat es Ihnen Spaß gemacht? Haben Sie sich gut dabei gefühlt? Wie viele Punkte haben Sie auf Ihrem Zettel stehen? Fünf, zehn, 15 oder mehr?

Eine Aussage, die wohl jeder in seiner Jugend von seinen Eltern oder anderen Mitmenschen gehört hat ist: Eigenlob stinkt!

Aber warum? Was ist so schlimm daran, gut zu sich selbst zu sein? Was ist so schlimm daran, zu erkennen, dass man etwas kann oder gut gemacht hat und sich dafür zu loben? Warum stehen manche Attribute nicht auf dem Zettel, die auf Sie aber möglicherweise zutreffen (Intelligenz, gute Ausbildung, kann zuhören, mag Menschen etc.)? Möglicherweise denken Sie: „Na ja, die sind ja nun selbstverständlich!" Ach sind sie das? Stellen Sie sich doch mit mir gemeinsam einmal zehn Minuten an den Bahnhof einer beliebigen deutschen Großstadt. Dann sehen Sie sich noch einmal die Punkte an, die oben in der Klammer stehen und dann stellen Sie sich bitte selbst abermals die Frage, ob die Punkte denn selbstverständlich sind!

Seien Sie besser zu sich selbst! Machen Sie sich Ihre Stärken bewusst, ohne dabei angeberisch oder gockelhaft zu werden.

3.3 Charismatische Menschen sind interessiert!

Einem Münchner Unternehmer, den ich schon seit vielen Jahren kenne, eilt der Ruf voraus unheimlich arrogant zu sein. Nun glaube ich, dass Neid eine der Hauptursachen dafür ist, wenn Menschen andere als arrogant bezeichnen. Dieser Unternehmer ist nicht nur sehr erfolgreich, sondern er sieht auch noch sehr gut aus, hat eine hübsche Frau und gesunde Kinder und damit erfüllt er die Grundvoraussetzungen dafür, dass ihm relativ viel Neid zuteil wird. Wenn ich ihn aber das ein oder andere Mal irgendwohin mitgenommen habe (zum Beispiel zu einem Abendessen mit Freunden), dann hörte ich danach oft Sätze wie „Mensch, der ist ja gar nicht so arrogant!" und „eine ganz tolle Ausstrahlung hat der ja sogar!" Den Trick, wie er die Einstellung von anderen ihm gegenüber immer sehr schnell umgedreht hat, habe ich sehr bald erkannt: Er hat sich unheimlich für diese Menschen und ihre Lebensumstände interessiert. Zum Beispiel bei Gesprächen zum Beruf hat er immer intensiv nachgefragt, warum der andere denn diesen Beruf gewählt habe, was dem anderen denn daran besonders viel Spaß mache oder wie er denn seine gesteckten Ziele erreiche. Und diese Methodik hat er auf alle Lebensbereiche und Themen übertragen. Er schaffte es, Interesse zu zeigen, ohne dabei aufgesetzt oder arrogant zu wirken und das sicherte ihm immer wieder die Sympathie der Anwesenden.

Also bleiben Sie neugierig im positivsten Sinne dieses Wortes! Interessieren Sie sich für Ihre Mitmenschen und deren Lebensgeschichten. Und Sie werden Ihre Ausstrahlung steigern.

3.4 Charismatische Menschen geben Ihrem Handeln einen Sinn!

Warum machen Sie Ihren Beruf? Geht es nur darum Geld zu verdienen? Oder geht es eventuell um mehr?

Setzen Sie sich mit diesem Thema mal auseinander!

Denn wenn es nur das Geld ist, weswegen Sie sich da jeden Morgen aus dem Bett quälen, dann wird Ihnen Ihr Beruf sehr schnell keinen Spaß mehr machen (das hängt allerdings auch ein wenig von der MENGE des Geldes ab!).

Damit Sie sich diesem Thema ein wenig mehr nähern können, habe ich hier ein paar Fragen für Sie, die Sie sich stellen dürfen und die Ihnen eventuell neue Blickwinkel auf Ihr Handeln und Ihren Beruf eröffnen:

- Wie viele Menschen ernähren Sie? Und damit meine ich nicht nur Ihre direkten Angehörigen. Wer innerhalb des Unternehmens Firma ist direkt von Ihren Leistungen abhängig? Hat der auch Angehörige? Etc.

- Wem bereiten Sie durch Ihr Handeln mehr Lebensfreude? Weil er zum Beispiel den für ihn idealen Tennisschläger durch Sie bekommen hat und der seine Spielstärke steigert.
- Wem geben Sie durch Ihr Handeln Sicherheit? Und das meine ich nicht nur monetär. Denn es wird Menschen geben, denen geben Sie schon nur durch Ihre Anwesenheit und durch Ihre Zuversicht Sicherheit.

3.5 Charismatische Menschen sind beweglich!

Aber nicht nur körperlich – sind Sie geistig beweglich? Schon der Punkt 3.3 (Interesse) wird dazu beitragen, dass Sie das immer bleiben.

Tun Sie mehr dafür! Bilden Sie sich weiter! Charismatische Menschen sind sehr häufig gebildet. Und das meine ich jetzt nicht im Sinne einer musischen oder naturwissenschaftlichen Hochschulausbildung. Sondern ich verstehe unter Bildung, dass diese Menschen nie aufgehört haben, sich weiterzubilden. Und das kann durchaus in dem Bereich sein, der Sie ganz besonders interessiert. Und wenn Sie in einem Bereich sehr gut gebildet sind, dann hört man Ihnen auch zu, denn dann haben Sie etwas zu erzählen.

Denken Sie dennoch auch an Ihre körperliche Beweglichkeit! Nur selten habe ich im Laufe meiner langjährigen Recherchen zu diesem Thema von Charismatikern gehört oder mit solchen zu tun gehabt, die ihrem Körper keine Aufmerksamkeit geschenkt haben. Charismatiker sind häufig sehr gepflegt, ernähren sich gesund und treiben Sport. Ausnahmen bestätigen auch hier die Regel: Winston Churchill!

Zu einem gelungenen ersten Auftritt gehören also Charisma und die richtige Kleidung. Ein weiterer wichtiger Punkt von unschätzbarem Wert sind ritualisierte, sichere und wertschätzende Umgangsformen mit Ihren Kunden.

3.6 Wertschätzende Umgangsformen

Freundlichkeit und ein Lächeln für jeden Kunden müssen auch in Zeiten höchster Anspannung und in den Zeiten mit dem höchsten Kundenaufkommen funktionieren. Und da müssen Sie sich selbst immer wieder auf die Probe stellen. Kontrollieren Sie sich mit Ihren Kollegen immer wieder gegenseitig und geben Sie sich Feedback.

Erfragen Sie im Laufe eines Verkaufsgespräches den Kundennamen. Merken Sie ihn sich und sprechen Sie Ihren Kunden immer wieder mit Namen an. Das erzeugt Sicherheit und schafft Vertrauen bei Ihrem Kunden. Stellen Sie sich auch selbst vor und zwar mit Vor- und Nachnamen. Das ist wertschätzend, denn Sie kennen jetzt ja auch den Namen ihres Kunden. Tragen Sie eventuell ein Namensschild, auf dem Ihr Name deutlich zu lesen ist.

Begrüßen und verabschieden Sie Ihren Kunden eventuell auch mit Handschlag. Nicht zu schlapp, nicht zu fest und auf keinen Fall feucht. Sollten Sie über sich selbst wissen, dass Sie in spannenden Situationen (und dazu zählt ein konzentriertes Verkaufsgespräch bestimmt) zu feuchten Händen neigen, dann stecken Sie sich ein Stofftaschentuch in die Hosentasche und bevor Sie einem Kunden die Hand schütteln, schließen Sie Ihre Hand kurz um dieses Taschentuch. Das wirkt! In besonders starken Fällen kann man das auch medikamentös behandeln und es gibt nicht riechende, desodorierende Sprays, die die Schweißbildung auch in der Hand regulieren.

Ein gelungener erster Auftritt ist also alles andere als zufällig. Setzen Sie sich mit Ihrem Auftritt, Ihrer Ausstrahlung und Ihren Umgangsformen auseinander. Trainieren Sie im Kollegenkreis.

Und eventuell gönnen Sie sich auch ein Verkaufstraining, denn nicht nur Sportler trainieren immer weiter, sondern auch die, die ihnen ihre Sportgeräte verkaufen, sollten nie aufhören, an sich zu arbeiten und zu trainieren!

Ein Verkäufer kann einem Eskimo einen Kühlschrank verkaufen!

4

© Springer Fachmedien Wiesbaden 2014
M. Künzl, *Beruf: Verkäufer!*, DOI 10.1007/978-3-658-01396-7_4

„Verkaufen? Oh nein, das kann ich nicht! Irgendwelchen Leuten irgendetwas andrehen – das ist nicht mein Ding!"
Haben Sie das schon gehört? Eines der hartnäckigsten Gerüchte über den Verkaufsberuf ist, dass man Leute über den Tisch ziehen und ihnen Dinge oder Dienstleistungen verkaufen muss, die diese Leute gar nicht benötigen.

Um der Wahrheit hier auf den Grund zu kommen, muss man zwei unterschiedliche Arten des Verkaufes unterscheiden: den passiven und den aktiven Verkauf.

Passiver Verkauf Als passiven Verkauf bezeichnet man die Art von Verkauf, in der Sie in einem Ladengeschäft stehen und ein interessierter Kunde den Laden betritt. Das Produkt oder die angefragte Dienstleistung stehen dabei im Vordergrund. Da der Kunde von sich aus auf Sie zukommt, laufen Sie nicht Gefahr, ihm etwas anzudrehen, schließlich wendet er sich an Sie. Falschberatung kann aber auch hier stattfinden.

Aktiver Verkauf Als aktiver Verkauf wird bezeichnet, wenn Sie mit einer Verkaufsabsicht auf den Kunden zugehen, ohne dass dieser von seinem Glück weiß. Folglich stehen nun Sie und Ihre Dienstleistung im Vordergrund. Ihre Person, Ihre Empathie, Ihr Verkaufstalent und Ihre Fachkenntnis entscheiden über den Verkaufserfolg. Da Sie dabei den ersten Schritt machen, haben Außenstehende oft das Gefühl, hier werden Produkte oder Dienstleistungen an Kaufunwillige verhökert.

Als **passiver Verkäufer** haben Sie also wenig zu befürchten. Seien Sie offen, freundlich, umgänglich, wohlerzogen und zuvorkommend. Gehen Sie auf Ihren Kunden ein, hinterfragen Sie seinen Produktwunsch, weisen Sie auf mögliche Fehlentscheidungen in der Vorauswahl hin, brillieren Sie durch Fachkenntnis und repräsentieren Sie den Dienstleister, den Sie sich selbst in einem Geschäft Ihrer Wahl wünschen würden.

Als **aktiver Verkäufer** müssen Sie an dieser Stelle deutlich mehr können und auch Ihr Produkt und Ihre Dienstleistung müssen die Voraussetzung erfüllen, dass Sie selbst noch Einfluss- und Gestaltungsmöglichkeiten haben.

Grundsätzliches: Stellen Sie sich vor, Sie sind der Verkäufer, der mit einem Kühlschrank hinten im Lkw durch Alaska tourt und dort versucht, den ursprünglich lebenden Eskimos sein Gerät anzudrehen. Wie lange würden Sie das wohl versuchen? Von welchem Erfolg wäre Ihr Handeln wohl gekrönt? Wie würden Sie sich und Ihre Familie ernähren?

Sie merken schon – die Situation ist absurd! Wenn Sie also mit einem Produkt oder einer Dienstleistung unterwegs sind, das oder die wirklich kein Mensch braucht und wenn Sie Ihre persönlichen, intellektuellen und verkäuferischen Eigenschaften so einschätzen, dass Sie auch in anderen Welten unterkommen könnten, dann orientieren Sie sich schnell neu!

Ganz so einfach ist das natürlich nicht immer und damit kommen wir zu Kap. 5!

Wer verkaufen will, muss lügen können! 5

Eine Lüge ist laut Duden (www.duden.de) eine „bewusst falsche, auf Täuschung angelegte Aussage" und eine „absichtlich, wissentlich geäußerte Unwahrheit".

Unterschiedlichste Quellen, mit vermeintlich wissenschaftlichem Gewicht, besagen, dass Männer durchschnittlich zwischen drei und 200 Mal täglich lügen, wohingegen Frauen das durchschnittlich weniger oft tun. Woran das liegt, wissen offensichtlich auch renommierteste Wissenschaftler nicht. Allerdings findet sich eine Erklärung immer wieder: Frauen lügen weniger, weil sie weniger im Mittelpunkt stehen. Das kann ich so nicht bestätigen. Ganz im Gegenteil. Aber in der Geschäftswelt ist die Frauenquote immer noch ein heiß diskutiertes Thema und darum ist es wohl eine Tatsache, dass der Anteil der Frauen in der Geschäftswelt in verantwortungsvollen Positionen mit entsprechendem Einkommen ausbaufähig ist. Wenn Frauen in diesen Positionen also weniger oft zu finden sind, stehen sie, zumindest in der Geschäftswelt, seltener im Mittelpunkt. Und wenn sie seltener im Mittelpunkt stehen, müssen sie wohl weniger lügen.

Erstaunlich: Wer im Mittelpunkt steht, lügt! Beispiele aus Politik und Wirtschaft könnte ich Ihnen jetzt zahlreiche liefern. Doch wozu? Um das oben Geschriebene zu bestätigen? Das wissen Sie doch genauso gut wie ich. Die viel interessantere Frage ist doch, ob Sie als Verkäufer im Mittelpunkt stehen. Selbstverständlich tun Sie das! Demzufolge sind Sie ein guter Lügner, falls Sie sich für den Beruf des Verkäufers entschieden haben.

Selbstverständlich sind Sie das nicht! Als Finanzdienstleister wurde ich von meinen Kunden oft gefragt, ob ich mir diesen Fond oder dieses Wertpapier kaufen würde oder noch schlimmer – ob ich es auch gekauft hätte. Viele Kunden ziehen daraus Sicherheit und fühlen sich bestätigt, denn der Mensch ist ein Herdentier. Wenn ich jetzt verneint hätte, können Sie sich selbst vorstellen, was das für einen Kunden bedeutet, der gerade vor einer schwierigen Kaufentscheidung steht. Meine Devise war, nur Produkte oder Dienstleistungen zu verkaufen, die ich als gut erachtet habe und von denen ich jederzeit behaupten konnte, dass ich sie mir auch kaufen würde (wenn ich auf dem jeweiligen Gebiet Bedarf hätte). Auf die Frage, ob ich es auch gekauft habe, gebe ich zu, mitunter gelogen zu haben.

Ein äußerst erfolgreicher Autoverkäuferkollege von mir wurde nicht müde, in den Kaffeepausen davon zu erzählen, dass er jeden Kunden immer glauben machte, er führe privat genau den Wagen, den der Kunde sich gerade zu kaufen überlegte. In einer Stadt wie München geht das. Aber bedenken Sie, wie schnell das in einem dünner besiedelten Umfeld aufflöge.

Meine Freundin erzählte mir, die Inhaberin ihrer Lieblingsboutique berichte ihr bei den schönsten und teuersten Kleidungsstücken manchmal, dieses oder jenes sei so heiß begehrt, es sei das letzte in dieser Größe oder sie hätte sich genau gekauft, wofür sich meine Freundin in eben diesem Moment interessierte. Obwohl man wusste, die Verkäuferin würde eine 300 Quadratmeter-Wohnung brauchen und am Hungertuch nagen, obwohl also klar war, dass man belogen wurde, waren diese Aussagen doch jedes Mal ein Kaufanreiz für meine Partnerin. Der Grund, weshalb sie immer wieder bei einer „Lügnerin" kaufen würde, sei, dass diese einen guten Geschmack hätte und selbst stets perfekt gekleidet sei.

Die Pointe aller drei Geschichten ist offensichtlich: Wir sind uns durchaus bewusst, manchmal von Verkäufern angelogen zu werden. Dabei spielt die prinzipielle Glaubwürdigkeit eine große Rolle, damit wir dem Charme eines Verkäufers erliegen.

Meinen eigenen Anspruch habe ich Ihnen damit schon beschrieben. Ihre Arbeitgeber denken darüber eventuell ganz anders. In manchen Branchen ist es üblich, dass jede Woche die neue sprichwörtliche „Sau durch das Dorf getrieben wird". Das heißt, es finden immer wieder Verkaufsaktionen statt und Ihr Chef erwartet von Ihnen, dass Sie sich daran beteiligen.

Vorab müssen Sie Ihren ethischen Anspruch definieren und wissen, wie weit Sie gehen wollen. Sofern Sie Ihre Kunden durch Ihr Handeln nicht vorsätzlich und wissentlich schädigen, können Sie damit höchstwahrscheinlich gut leben. Anders wird es, wenn Sie um die Qualität des Produktes oder der Dienstleistung, die Sie anbieten, ernsthaft und dauerhaft besorgt sind. Dann müssen Sie über kurz oder lang eine Entscheidung treffen und gegebenenfalls zum Beispiel den Arbeitgeber wechseln. Die Grenze, wann es soweit ist, ziehen Sie selbst und dabei kann Ihnen niemand helfen. Achten Sie auf sich und Ihre seelische Gesundheit, denn häufig ist Burnout eine Folge von dauerhaftem und negativem Stress. Und es ist definitiv negativer Stress, wenn Sie über einen längeren Zeitraum ein Produkt verkaufen, von dem Sie nicht überzeugt sind.

Das Wichtigste für einen Verkäufer ist Authentizität!

Der schon eingangs beschriebene geborene Verkäufer kann nichts falsch machen. Ihm scheint die Sonne aus allen Poren und er schwebt durchs Leben. Er flirtet mal hier, kokettiert mal da und macht alles genau so, wie er es gerade für angemessen und richtig hält. Dabei unterlaufen ihm durchaus gelegentlich Schnitzer. Aber aufgrund seines überragenden Charmes nimmt ihm die keiner lange übel und oft führen diese vermeintlichen Fauxpas zu noch viel lukrativeren Geschäften, als ursprünglich erhofft.

Und wieder stelle ich Ihnen die Frage: Sind Sie dieser geborene Verkäufer?

Die meisten meiner Leser, und auch ich selbst, müssen verneinen. Planung im Verkauf ist für mich ein unabdingbarer Bestandteil Ihres Erfolges. Lassen Sie sich gerade von älteren und erfahreneren Kollegen nicht einreden, es käme alles wie von selbst. Denn dem ist nicht so. Auch Ihre älteren Kollegen, die vermeintlich alles immer situationsbedingt und authentisch machen, folgen festen Vorgehensmustern, die sich immer wiederholen. Wenn Sie denen zuhören, hören sich deren Telefonate immer ähnlich an, bestimmte Produkte erklären sie immer wieder gleich und platzieren den Abschluss an ähnlichen Stellen und auf vergleichbare Art und Weise. Viele Ihrer älteren Kollegen haben sich darüber nur noch nie Gedanken gemacht, ganz zu schweigen davon, dass sie sich hingesetzt und ihre Vorgehensweisen niedergeschrieben hätten. Dadurch wurde der Weg zum heutigen Status zu einem langen und steinigen, geprägt von ständigen Versuchen und „aus Fehlern lernen". Alleine das Aufschreiben und sich damit auseinanderzusetzen, und zwar von Beginn der Karriere an, wäre die Lösung gewesen, wie gesetzte Ziele viel schneller und erfolgreicher hätten erreicht werden können.

In einer anderen Branche wird einem gerade für diese Tätigkeit ein Oscar verliehen: In der Film- und Fernsehbranche werden Drehbücher geschrieben, die ganz genau beschreiben, wer, wann, wo und wie zu stehen, zu gehen oder zu liegen hat und was er dabei sagen soll. Nur im Verkauf wird häufig angenommen, man könne auf Leitfäden verzichten, wo doch Verkauf ebenfalls Menschen gewinnen, begeistern, überzeugen und verführen soll.

Verstehen Sie mich bitte nicht falsch: Authentizität ist wichtig! Das heißt, Sie sollten sich selbst in Ihren Vorgehensweisen nicht verbiegen. Schreiben Sie Leitfäden, die zu Ihnen passen und planen Sie Ihren Erfolg von Beginn an.

Benutzen Sie das Wort Authentizität nicht als Ausrede dafür, dass Sie zu bequem sind, sich über sich und Ihre Vorgehensweisen Gedanken zu machen, zu planen und Ihre Pläne strukturiert umzusetzen!

Exkurs: Der persönliche USP (Unique Selling Point – Alleinstellungsmerkmal)
Wenn wir schon (zu Recht) meinen, Authentizität sei wichtig, dann begleiten Sie mich in die folgende Situation:

Ein Ihnen unbekannter Mensch hat Sie gefragt, was Sie beruflich machen. Daraus ergeben sich zwei mögliche Szenarien:
1. Sie haben kein gutes Gefühl zu sagen, Sie seien Verkäufer, oder noch schlimmer: Verkäufer in der Finanzdienstleistungsbranche. Sie stottern, suchen nach Ausreden oder verschanzen sich hinter hochtrabenden, multilingualen Titeln (siehe Einleitung).
2. Sie stehen zu Ihrem Beruf, sind stolz auf ihn und sagen es gerade heraus. Ich bin Kundenberater bei der XY-Bank, ich bin Versicherungskaufmann bei der XY-Versicherung oder ich bin Verkäufer beim XY-Unternehmen.

Beiden Szenarien folgen leider häufig ähnliche Reaktionen unserer Gesprächspartner: Sie leiten freundlich, aber bestimmt zu einem anderen Gesprächsthema über oder suchen sich gleich einen neuen Gesprächspartner auf der Veranstaltung.

Woran liegt das? Im ersten Fall strahlen Sie entweder selbst Unsicherheit aus oder Ihr Titel sorgt bei Ihrem Gesprächspartner dafür, dass er unsicher wird und sich aber nicht die Blöße geben will nachzufragen, was dieses Fachchinesisch wohl bedeutet. Im zweiten Fall hat es etwas mit Ihrem Berufsbild und/oder auch mit Ihrer Branche zu tun. Was aber noch schwerer wiegt, ist, dass Sie mit der zweiten Antwort alle Fragen beantworten. Denn jeder kann sich etwas unter einem Versicherungskaufmann, einem Bankberater oder einem Verkäufer vorstellen. Und sogar die meisten Ihrer Arbeitgeber dürften keine Unbekannten sein.

Ein Vorschlag von mir: Ich bin **selbstständig** und berate einen **ausgewählten Kundenkreis** der XY-Bank/Versicherung/Unternehmen im Bezug auf **ganz besondere Problemstellungen**.

Ihr Gesprächspartner hat jetzt drei Möglichkeiten nachzufragen und, wenn er sich wirklich für Sie interessiert, dann wird er das auch tun. Bevor Sie eine Antwort geben, machen Sie sich Gedanken über folgende Fragestellungen:
- Was ist das Besondere an mir und meiner Tätigkeit? Wofür stehe nur ich und kein anderer? Was ist mein USP (Alleinstellungsmerkmal)?
- Wodurch zeichnen sich meine Kunden aus? Wo liegen Gemeinsamkeiten meiner Kunden? Welche Persönlichkeitstypen werden gerne Kunde bei mir?

- Was ist meine Kernkompetenz? Was ist mein Spezialgebiet? Wo bin ich unschlagbar?
- Wie nütze ich meinen Kunden? Welche Vorteile genießen meine Kunden durch die Zusammenarbeit mit mir? Welche Ziele und Wünsche haben meine Kunden, in der Zusammenarbeit mit mir, erreicht?

Nehmen Sie sich ein paar Minuten Zeit und setzen sich in aller Ruhe vor ein Blatt Papier. Machen Sie sich Gedanken über diese Fragen. Schon, weil Sie sich damit auseinandersetzen, wird sich Ihr Profil schärfen und Sie werden für Ihre Kunden, für Ihr soziales Umfeld und ganz besonders Ihre Kollegen greifbarer.

Ganz nebenbei gewinnen Sie damit den ein oder anderen Kunden auf der nächsten Party, der nächsten Zugfahrt oder im nächsten Urlaub.

Verkäufer verdienen Schmerzensgeld! 7

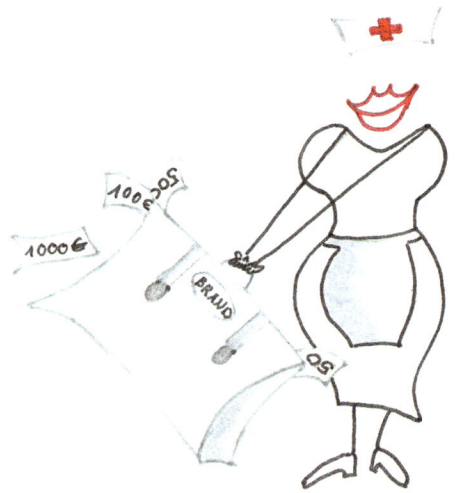

Der Verdienst eines Verkäufers ist ganz oft ein kritisches Thema. Ein Verkäufer (zumindest dann, wenn er sich als solcher versteht und wenn er seinen Job richtig macht) verdient mehr als sein Chef, mehr als so mancher Vorstand und auch mehr als die deutsche Bundeskanzlerin.

Das hört sich hochtrabend an, so ist es aber nicht gemeint. Denn es gibt unterschiedliche Entlohnungsmodelle für einen Verkäufer:

- Es gibt den **angestellten Verkäufer**, der **nicht umsatz- und erfolgsabhängig** bezahlt wird. Diese Verkäufer sind tendenziell weisungsgebundener, produktorientierter und Sicherheit spielt bei diesem Verkäufertypen eine dominierende Rolle.
- Dann gibt es den **angestellten Verkäufer**, der **umsatz- oder erfolgsabhängig** bezahlt wird. Dieser Verkäufer verdient in der Regel ein relativ niedriges Grundeinkommen und seine erarbeiteten Abschlussprovisionen und eventuelle Boni am Ende des Jahres erhöhen dieses Grundeinkommen (beim Erreichen bestimmter Ziele) deutlich.
- Der **selbstständige Verkäufer** (häufig in sogenannten Handelsvertreter-Organisationen) hat normalerweise kein Grundeinkommen. Er arbeitet **ausschließlich auf Provisionsbasis**, das heißt, er verdient nur dann Geld, wenn er tatsächlich etwas verkauft.

Die von mir oben beschriebenen hohen Einkommen werden ausschließlich in der zweiten und dritten Variante erzielt.

Wenn Sie sich selbst zur ersten Variante zählen, regelmäßig gute Geschäfte abschließen und sich jetzt die Frage stellen, ob Sie wohl etwas falsch machen, kann ich das nur bestätigen.

Das häufigste Argument, warum angestellte Verkäufer sich auf die erste Variante einlassen, ist die vermeintlich damit verbundene Sicherheit. Doch wie lange, glauben Sie, bleiben Sie in der modernen Marktwirtschaft angestellt, wenn Sie als Verkäufer nicht mehr die Leistung erbringen, die von Ihnen erwartet wird? In den meisten Unternehmen sind Ihre Tage dann gezählt und es ist nur noch eine Frage der Geduld Ihres Chefs, bis Sie nach einer dreimonatigen Kündigungsfrist auf der Straße stehen. Wie sich ein ehemaliger Verkäufer von Hartz IV ernährt, soll keinesfalls Gegenstand meiner Ausführungen sein!

Zählen Sie sich zur zweiten oder dritten Variante, sind Sie erfolgreich und genießen Sie Ihr Leben, sodass man Ihnen den Erfolg anmerkt, dann wird Ihnen dieser – gerade in Deutschland – häufig geneidet. Die Deutschen sind eine Gesellschaft von Neidern. Ganz anders sieht das in Amerika oder Australien aus: Sie haben ein lukratives Geschäft abgeschlossen und gönnen sich ein schönes Auto, dann ernten Sie an diversen Ampeln hochgereckte Daumen und anerkennende Kommentare.

7 Verkäufer verdienen Schmerzensgeld!

In Deutschland müssen Sie stets sorgfältig überlegen, wo Sie Ihren neuen Wagen parken, sonst wird Ihnen das gute Stück womöglich zerkratzt. Manche Menschen entladen ihren Neid vielleicht auch nur mit Häme hinter Ihrem Rücken: „Das war doch klar, dass der seine Kunden auch nur über den Tisch zieht!"

Verdienen Sie also im Verkauf Schmerzensgeld?

Ja, eindeutig! Allerdings nicht, weil es so schmerzlich ist, mit Menschen umzugehen. Auch nicht, weil es so anstrengend oder langweilig ist, zu verkaufen. Das ist im Verkauf nicht anders als in vielen anderen Berufen. Verkauf ist mal mehr, mal weniger anstrengend. Verkauf macht meistens mehr Spaß (häufig dann, wenn Sie erfolgreich sind) und mal weniger. Sondern deswegen, weil Sie mit den (zugegebenermaßen kleinen) Schmerzen leben müssen, die Ihnen der Neid Ihrer Zeitgenossen zufügen wird! Lassen Sie uns an dieser Stelle über die Motivationskraft von Geld generell sprechen:

Motiviert Geld überhaupt? Ist es motivierend, fünf-, zehn-, zwanzigtausend oder mehr Euro überwiesen zu bekommen und dann vor seinem Kontoauszug zu sitzen und voller Stolz die hohen Zahlen zu bewundern? Ja, ist es, wenigstens die ersten Male. Und danach …?

Als motivierend erweist sich immer das, was Sie ganz persönlich mit Geld erreichen können. **Motivierend ist es, wenn Sie sich ganz persönliche Ziele gesetzt haben und diese erreichen.** Motivierend sind die Freiheiten, die Sie sich ganz persönlich gönnen und die Sie mit Ihrem Erfolg geschaffen haben.

Das bedeutet: Wenn Sie sich Ziele setzen (und das sowohl im beruflichen, wie im privaten Bereich) dann malen Sie sich so konkret wie möglich aus, wie es sich anfühlen wird, in Ihrem neuen Auto in die Berge zu fahren! Malen Sie es sich aus, wie es aussehen wird – Ihr Ferienhäuschen und wie Sie es einrichten werden! Malen Sie es sich aus, wohin sie gehen wird – Ihre Fernreise und was Sie dort alles ansehen und erleben werden! Denn je intensiver Sie sich etwas ausmalen können, umso motivierter werden Sie darauf hinarbeiten und umso sicherer werden Sie Ihre Ziele erreichen.

> Wenn Du nicht weißt, wohin Du willst, dann ist es auch egal, wohin du gehst!
> Lewis Caroll

Ein weiterer wichtiger Punkt und eine Art der Entlohnung ist die **Sinnhaftigkeit Ihres Berufes**. Geben Sie Ihrem Handeln einen Sinn! Wenn Sie nur verkaufen, um die mögliche Provision zu ergattern, wird man die Dollarzeichen allzu deutlich in Ihren Augen sehen. Ihre Verkaufstätigkeit sollte einen tieferen Sinn haben. Sorgen Sie mit Ihrem Tun dafür, dass Menschen glücklich mit Ihrem neuen Auto sind! Sorgen Sie dafür, dass Menschen im Alter versorgt sind! Sorgen Sie dafür, dass Menschen besser gekleidet durchs Leben gehen! Denn materielle Ziele allein können Sie motivieren, es kann Ihnen Spaß und Freude bereiten, wenn Sie diese erreichen, aber sie werden Ihr Berufsleben nie mit Sinn erfüllen.

Sie setzen sich also Ziele und haben den tieferen Sinn in Ihrem Lieblingsberuf erkannt? Dann werden Sie die kleinen Schmerzen, die Ihnen der Neid Ihrer kleingeistigen Zeitgenossen zufügen wird, gar nicht mehr spüren, sondern sich schon auf das Erreichen Ihres nächsten Zieles, auf die Erfüllung Ihres nächsten Traumes und auf die strahlenden Gesichter Ihrer Kunden, freuen!

Fachliches Know-how vor Verkauf?

8

Wäre die ganze Welt eine Schulklasse und hätte in dieser Schulklasse jedes Land seine Rolle, wäre Italien der leichtlebige, gut aussehende, genussfreudige, nichts taugende Lausbub. Frankreich wäre der schnöselige, wohlerzogene, gut riechende, schöngeistige Weichling. Griechenland wäre der faule, übergewichtige, verschlafene, dem Rest der Klasse einen Riesenhaufen Geld schuldende Südländer. Spanien der heißblütige, verwegene, tiefgründige Mädchenverführer. Amerika wäre der supersportliche, patriotische, steinreiche Klassensprecher mit ausgeprägtem Aufpassersyndrom und Deutschland wäre ... der Streber!

Wenn die ganze Welt meint, sie bräuchte Steuergesetze, so könnte sie getrost die Hälfte davon von Deutschland übernehmen. Wenn die ganze Welt meint, man müsste etwas für die Umwelt tun, fährt ganz Deutschland schon längst mit Elektroautos (und hat noch nicht gemerkt, dass die nicht energiesparender sind als die benzinschlürfenden Kollegen)! Wenn ganz Europa seine Ersparnisse verprasst, Rentner weiter versorgt, die schon gestorben sind, Beamte beschäftigt, die gar keine Stelle haben und wenn ganz Europa dabei vergisst, Steuern einzunehmen, dann bezahlt der Streber (also Deutschland) alle Rechnungen! Wenn die ganze Welt meint, man müsse die Sicherheit der Verbraucher in Verkaufssituationen steigern, dürfen deutsche Verkäufer Ihre Kunden nicht einmal mehr anrufen – es sei denn der Kunde hat vorher zugestimmt, dass er belästigt werden darf! Das ist mindestens aus Verkäufersicht äußerst paradox.

An dieser Stelle werde ich leicht emotional, mitunter polemisch und natürlich schere ich gerade alles und jeden über einen Kamm. Dennoch steckt im oben Beschriebenen ein gewichtiger Funken Wahrheit. Selbst wenn positive Aspekte nicht von der Hand zu weisen sind: In keinem Land der Welt mit vergleichbarer Größe und Einwohnerzahl lässt es sich so sicher, so chancenreich, so niveauvoll und so intellektuell leben wie in Deutschland.

Ein großer Löffel Leichtigkeit würde uns dennoch guttun! Wenn in deutschen Unternehmen Menschen für den WICHTIGSTEN Beruf des Hauses ausgebildet werden, fließen 80 % und mehr dieser Ausbildung in den fachlichen Bereich. Und das beinahe branchenübergreifend. Natürlich ist Fachwissen wichtig, um Fragen des Kunden beantworten zu können, um als Verkäufer an Sicherheit zu gewinnen und diese auch auszustrahlen! Aber das vorhandene und geforderte Fachwissen wird in Deutschland leider viel zu oft dazu genutzt, um Kunden auszubilden. Letztere werden mit fachlicher Information überhäuft, wobei häufig Fragen beantwortet werden, die gar nicht gestellt wurden.

Sie mögen das als „kalten Kaffee" abtun, womit Sie natürlich Recht haben. Umso erstaunlicher finde ich es, dass es deutschen Verkäufern unendlich schwer fällt, sich von der fachlichen und inhaltlichen Seite zu lösen:

- Ein Kunde kommt in den Laden und möchte ein Mountainbike kaufen. Daraufhin verweist ihn der Verkäufer auf das Sonderangebot im Schaufenster, anstatt ihn zu fragen, welche Touren er mit dem Rad plant.
- Ein anderer Kunde will Geld anlegen. Für den Bankangestellten ist nur wichtig, um welchen Betrag es sich handelt. Im Vordergrund müsste jedoch die Frage stehen, was der Kunde mit dem Geld künftig vorhat.
- Der letzte Kunde erkundigt sich beim Sicherheitstechniker nach einer Alarmanlage. Der Spezialist möchte nur wissen, wie viel Geld das System kosten darf, weitaus vertrauensbildender wäre es, den Kunden zu fragen, was ihn verunsichert oder wie und wo genau er ein solches System einzusetzen gedenkt.

Wie logisch das alles auch klingen mag, in den allermeisten Coachings, in denen ich neben Verkäufern sitze und deren Fragestellungen lausche, erlebe ich überwiegend die erste Variante.

Vor kurzem war ich mit meiner Lebensgefährtin in einem Fahrradgeschäft. Da meine Lebensgefährtin schon konkret wusste, was sie wollte, war das richtige Modell schnell gefunden. Probefahrt, Preisverhandlung und nach noch nicht einmal einer Stunde verließen wir mit dem Fahrrad den Laden. Wieder im Auto fragte sie mich, wie ich den Verkäufer gefunden hätte; seinen Job hätte er doch kompetent gemacht. Gut, er hatte ein Fahrrad verkauft, dennoch würde ich ihn feuern, wenn er sich nicht hurtig eine andere Verkaufsstrategie angewöhnen würde. Meine Freundin war fassungslos.

Jeder Verkäufer, der nicht nur über die Funktionsweise des infrage stehenden Fahrrades Bescheid gewusst hätte, hätte uns zumindest noch ein Schloss, einen Helm und ein Beleuchtungsset verkauft. Nachdem dem nicht so war, zogen wir einige Tage später erneut los.

Der Verkäufer war nach dem getätigten Verkauf voller Eifer damit beschäftigt, zu erklären, wie das Wunderrad funktioniert, wie man es wartet, pflegt und auch die verbauten Komponenten und Materialien wurden explizit hervorgehoben. Natürlich findet es jeder Kunde positiv, wenn sich ein Verkäufer genauestens auskennt; in unserem Fall hatte allerdings niemand Detailfragen gestellt. Und so vergaß der Verkäufer seine erste Pflicht, nämlich den Kunden rundum glücklich zu machen, ihn gegen Unfall und Diebstahl mit abzusichern.

Ja, ich bin ein schwieriger Kunde! Dennoch kennen Sie bestimmt eigene Geschichten, in denen es Ihnen ähnlich ergangen ist. Es liegt an der hohen Ausbildung unserer Verkäufer und an den gesetzlichen Rahmenbedingungen mancher Berufe, die das Beantworten ungestellter Fragen sogar fordern!

Finden Sie den Weg, der es Ihnen ermöglicht, Ihren Kunden genau das zu verkaufen, was diese auch benötigen (eventuell ein bisschen mehr, falls es dazupasst), der Ihren Kunden alle Fragen beantwortet, der Ihre Kunden mit einem guten Gefühl nach Hause gehen und ruhig schlafen lässt. Dabei ist unbedingt zu vermeiden, sie über den Tisch zu ziehen oder mutwillig irgendetwas zu verschweigen.

Zu viel an fachlicher Information verunsichert unsere Kunden in der Regel und sie können sich aufgrund der Fülle an Details nicht mehr entscheiden. Der meistgehörte Satz in diesem Fall lautet deswegen: „Ich muss mir das jetzt alles noch mal überlegen!"

- Fachidiot schlägt Kunden tot!

- Verkauf vor fachlichem Know-how!

Ein Verkäufer muss mit jedem können! 9

Eine regelrechte Verkaufsspielwiese stellen in jeder großen Stadt weltweit die sogenannten Prachtstraßen dar. Das sind die Straßen oder Flaniermeilen, auf denen sich die Shops der großen Marken aneinander reihen, die Porsches und Ferraris vorfahren, und gut betuchte Familien – Vater Rechtsanwalt, mit Barbour-Jacke und Einstecktuch, Mutter gepflegt in Escada Sport – am Samstag ein Hermès-Tuch kaufen und danach einen cremigen Cappuccino trinken. Auch wenn Sie dort für gewöhnlich nichts kaufen, so gönnen Sie sich doch einmal einen kleinen Abstecher, gehen Sie in diese Läden und lernen Sie etwas dazu:

Längst nicht jeder, der Kleidung verkauft – selbst wenn es die edelste Marke der Welt ist – ist gezwungenermaßen freundlich!

Wenn ich die Kunden in solchen Läden beobachte, beschleicht mich manchmal das Gefühl, sie gehen ganz bewusst dorthin, um schlecht behandelt zu werden. Die Verkäufer/innen sind häufig hochnäsig, abschätzend, kühl und geben einem das Gefühl, weit unter ihrem Niveau zu rangieren. Dennoch wird dort gekauft!

Möglicherweise hat das einen genetischen Hintergrund, denn Menschen buhlen besonders um die Anerkennung und den Respekt von demjenigen, der sich ihnen entzieht.

Wenn ein Geschäftsreisender am Wochenende nach Hause kommt, sind seine Kinder aus dem Häuschen und wollen am liebsten nur mit ihrem Papa spielen. Für die Ehefrauen ist das nicht immer einfach, sie empfinden es als Unverschämtheit, sich die ganze Woche um die Kinder zu kümmern, Essen zu kochen, Wäsche zu waschen, kurz, den Haushalt zu machen und am Wochenende dafür lediglich Nichtbeachtung zu ernten.

Im Verkauf und in Verkaufsausbildungen wird häufig genau Gegensätzliches gelebt und geschult. Mit aufgesetzter Freundlichkeit wird jeder Kunde gleich behandelt, mit dem gleichen, nichtssagenden Smalltalk wird jeder Kunde empfangen: „Haben Sie gut her gefunden? / Haben Sie gleich einen Parkplatz bekommen? / Mein Gott – dieser Sommer …!" und dergleichen mehr. Anschließend schwenkt man schlagartig zum inhaltlichen Thema und versucht, dem Kunden etwas zu verkaufen – ob es nun zu ihm passt oder nicht. Kunden spüren das und entziehen sich: Sie müssen es sich noch einmal überlegen, müssen noch eine Nacht drüber schlafen und ab da fängt der Verkäufer an, seinem Kunden hinterher zu laufen.

Wenn man sehr erfolgreiche Seniorkollegen im Verkauf beobachtet und fragt, worauf sie denn ihren Erfolg zurückführen, antworten sie oft ähnlich:

- Ich nehme kein Blatt vor den Mund!
- Ich brauche nicht mehr jeden Kunden und das zeige ich auch!
- Wenn einer nicht mit mir will, dann muss er nicht!
- Geschäfte gehen mit mir nur auf Augenhöhe – und das merken meine Kunden!

9 Ein Verkäufer muss mit jedem können!

Es ist absolut normal und menschlich, dass Ihnen nicht jeder Ihrer Kunden liegt und Sie sich nicht mit jedem von Beginn an wohl fühlen. Geben Sie sich und Ihrem Kunden Zeit, miteinander warm zu werden. Aber ziehen Sie klare und eindeutige Grenzen:

- Wenn Ihr Kunde Sie schmerzlich lange und unentschuldigt warten lässt, verschieben Sie den Termin!
- Wenn Sie Ihren Kunden besuchen und dort nichts zu trinken angeboten bekommen, fragen Sie danach!
- Wenn Ihr Kunde sich unfreundlich oder despektierlich verhält, sprechen Sie an, dass Sie sich eine Zusammenarbeit so nicht vorstellen können!

> Muss ein Verkäufer also mit jedem können?
> Natürlich nicht!
> Aber: Ein Verkäufer muss mit jedem umgehen können!

Und das bedeutet: Sie brauchen nicht unfreundlich zu werden! Sie wollen ja auch nicht bei Hermès anfangen – oder? Sie dürfen weiter positiv, gut gelaunt, lachend und menschengewinnend in Ihre Termine gehen und das sollen Sie auch! Aber zeigen Sie Ihrem Umfeld und besonders Ihren Kunden, dass man mit Ihnen nicht beliebig umspringen kann. Sagen Sie, wenn Sie etwas stört, wenn Sie sich unwohl fühlen, wenn Sie komplett anderer Meinung sind als Ihr Kunde! Denn tun Sie das nicht, so spürt es Ihr Kunde und reagiert. Meistens muss er sich dann noch einmal alles durch den Kopf gehen lassen …

10 Verkaufen kann man nicht ein Leben lang!

In amerikanischen Filmen oder Serien gibt es ganz oft eine Nebenrolle – und zwar den gealterten, vom Leben gezeichneten, übergewichtigen Auto- oder Versicherungsverkäufer. Zu allem Überfluss kämpft er meist mit Geld- und Beziehungsproblemen. Zweifelsohne ein Klischee. Aber doch wieder eines, das einen Funken Wahrheit in sich trägt.

Nun habe ich die Autobranche schon vor 20 Jahren hinter mir gelassen, und leider begegnen mir, wenn ich heute bei meiner alten Arbeitsstelle vorbeischaue, dort Verkäufer-Zombies. Damit meine ich Kollegen, die nun schon seit 25 Jahren und mehr ein und denselben Kundenkreis betreuen, immer noch Fahrzeuge der gleichen Marke verkaufen und auf dem genau gleichen Weg zur Arbeit fahren (sofern sie nicht umgezogen sind). Rein optisch scheinen mir meine ehemaligen Kollegen übermäßig gealtert und wenn ich mich mit Ihnen unterhalte, habe ich das Gefühl, alles sei viel schlimmer geworden, keiner schreibe mehr Geschäfte, die Geschäftsleitung solle dringend ausgetauscht werden und überhaupt stünden Mercedes – und damit ganz Deutschland – kurz vor dem Abgrund.

Allerdings habe ich auch noch Kontakt zu dem ein oder anderen Kollegen der ersten Stunde, der sich in der Zwischenzeit beruflich verändert hat. Davon arbeitet ein Teil immer noch als Verkäufer, dennoch scheinen mir diese viel agiler, positiver und sowohl körperlich als auch mental jünger geblieben zu sein. Man könnte jetzt vermuten, dass es am Arbeitgeber liegt; das ist sicher nicht der Fall. Denn Ähnliches beobachte ich auch in großen Bank-, Versicherungs-, Technologie- und Dienstleistungsunternehmen an Verkäufern, die dort schon seit langen Jahren immer das Gleiche machen.

Bitte verstehen Sie mich nicht falsch! Ich will Sie nicht dazu ermutigen, alle zwei Jahre Ihren Arbeitgeber und alle vier Jahre Ihre Branche zu wechseln. Erst recht nicht, wenn es Ihnen in Ihrem jetzigen Job und bei Ihrem jetzigen Arbeitgeber gut geht. Nur:

▶ Bleiben Sie agil! Bleiben Sie neugierig!

Und zwar im wahrsten Sinne des Wortes: Bleiben Sie gierig auf Neues! In meinen Trainings begegnet mir manchmal ein Typ Verkäufer, dessen Unternehmen das Training bezahlt und der nun da sitzt, weil er muss. Nun behaupte ich nicht, dass meine Trainings die Allheilmittel sind und ich Verkauf erfunden hätte. Aber eine Grundeinstellung habe ich in Bezug auf Weiterbildung bei mir selbst verankert:

▶ Man kann überall etwas dazu lernen – selbst, wenn man manchmal „nur" erkennt, wie es sicher nicht geht!

Mit dieser Einstellung gehe ich an das Thema Weiterbildung und habe es mir zur Gewohnheit gemacht, mindestens dreimal im Jahr etwas dafür zu tun. In unterschiedlichsten Bereichen nehme ich an Trainings und Vorträgen teil und kann nur bestätigen: Man lernt nie aus!

Nehmen Sie offen an einem Training oder einer Weiterbildung teil, dann werden Sie immer die zwei bis drei Anregungen finden, die auch Sie, als alten Hasen, noch weiterbringen und die Sie nach der Veranstaltung ausprobieren wollen. Ich glaube, es ist eine Spur zu viel Selbstbewusstsein oder sogar Überheblichkeit, wenn man von sich behauptet, keiner könne einem mehr etwas beibringen. Und wenn Sie dem zustimmen, dann gibt es überall etwas zu entdecken und Sie werden nicht behäbig, negativ und träge, sondern suchen nach den positiven Aspekten, entwickeln sich weiter, bleiben erfolgreich und haben Freude an Ihrem Beruf!

Körper und Geist bilden eine Einheit – ebenfalls bestimmt keine Neuigkeit für Sie. An dieser Stelle könnte ich Sie jetzt überfluten mit GQ- oder Cosmopolitan-Weisheiten: Bewegung wäre wichtig, gesunde Ernährung schont Herz, Kreislauf und Nerven, Rauchen führt direkt zu Lungenkrebs und indirekt zum Tod, Alkohol verändert die Persönlichkeit, Süßigkeiten verursachen schlechte Haut und vermehren die Problemzonen. Das wissen wir alle. Längst.

Wenn wir das alle – längst – wissen, weshalb bietet sich dann an so vielen Ecken ein so eindeutiges Bild: An Flughäfen, Bahnhöfen, in Hotellobbys oder Eingangsbereichen großer Unternehmen (Plätze, an denen ich leider viel zu viel Zeit verbringe …) tummeln sich mehr als die Hälfte übergewichtige, wenn nicht gar fettleibige Menschen. Ursachen sind falsche Ernährung, Überernährung und Bewegungsmangel. Wir schlafen in einer Kiste, aus der wir uns morgens quälen, um in eine Kiste einzusteigen und zur Arbeit zu fahren, dort bringt uns eine Kiste in unser Stockwerk, wo wir in einer überschaubaren Kiste arbeiten und unser Mittagessen aus einer Schachtel essen. Die Folgen sind Diabetes, Bluthochdruck, Schlaganfall, Herzinfarkt und Krebs. Wenn man von jemandem hört, der einen Herzinfarkt erlitten hat, sind es nur selten Menschen, bei denen einen das besonders verwundert, weil sie so schlank und sportlich gewesen seien, sich so gesund ernährten etc. Natürlich gibt es sie, diese Ausnahmen, allerdings sind sie in der Minderheit.

Sie dürfen die Frage für sich selbst beantworten, ob Sie leben, um zu arbeiten, oder ob Sie arbeiten, um zu leben! Und egal, wie Sie diese Frage beantworten: Tatsache ist, dass es da mehr gibt als Ihren Job.

Wenn Sie sich schon mal mit den Biografien von sehr erfolgreichen Menschen auseinander gesetzt haben, dann stelltten Sie bestimmt sehr schnell fest, dass diese Menschen überdurchschnittlich viel Zeit in Ihren Job, Ihren Beruf, Ihre Berufung stecken und gesteckt haben. Auf Nachfrage sagen diese Menschen dann sehr häufig aus, dass es für sie keine Geißel sei, das zu tun, sondern sie täten das gerne, weil es ihnen Spaß bereite und sie unheimlich befriedige. Ich wage jetzt einmal eine unbestätigte und gewagte Aussage: Meiner Meinung nach haben es sehr viele Menschen (gerade in unserer Zeit und in unserer extremen Leistungsgesellschaft) verlernt, das Leben zu genießen und das reden sie sich dann hinterher schön. Viele

Menschen verdienen überdurchschnittlich gut (und das wünsche ich mir auch für Sie!), aber sie können mit ihrem erworbenen Wohlstand nichts anderes mehr anstellen, als sich selbst und ihre Familien mit materiellen Gütern zu überhäufen. Aber ist es wirklich das, was das Leben lebenswert macht? Ja, es ist wunderbar in einer schönen Wohnung zu leben, ein schönes Auto zu fahren, eine teure Uhr zu besitzen und gut gekleidet zu sein. Aber wenn (und jetzt verrate ich Ihnen meine Lebensphilosophie!) irgendwann Ihr letztes Stündchen geschlagen hat und Sie die Chance haben sollten, noch mal Résumé zu ziehen über Ihr Leben, dann werden es nicht die materiellen Dinge sein, die Ihnen da einfallen und die Ihrem Leben einen Sinn gegeben haben, sondern es wird das sein, was Sie erlebt haben, was Sie gesehen haben, wen Sie geliebt haben und wen Sie getroffen haben.

Also gehen Sie raus, unternehmen Sie etwas, verreisen Sie, lernen Sie neue Menschen kennen und geben Sie Ihrem Leben die Chance, das Leben zu sein, das Sie sich immer erträumt haben. Und einen Satz will ich nie hören: Dafür habe ich keine Zeit!

Sollten Sie das denken oder fühlen, dann liegt es nicht daran, dass Sie wirklich keine Zeit haben, sondern es liegt daran, dass Ihre Prioritäten anders gesetzt sind und Sie sich keine Zeit nehmen wollen. Und diese Prioritäten lohnt es sich immer wieder zu überprüfen. Es kann sein, dass es dadurch manchmal etwas länger dauert, das ein oder andere Ziel zu erreichen, aber glauben Sie mir, das ist es mehr als wert.

Wenn das nun alles zusammenpasst, Sie Ihren Beruf mit Freude ausüben, dafür sorgen, dass Sie körperlich und geistig gesund bleiben und Sie dabei das Leben auch noch genießen können, dann ist die Antwort auf die eingangs getroffene Aussage eindeutig **FALSCH**!

▶   Doch, Verkauf kann man ein Leben lang machen!

11 Verkäufer ist der wunderbarste Beruf der Welt!

Persönlich in meinen Trainings und in meinem Verkaufsbrief habe ich Sie dazu aufgefordert, mir Ihre Lieblingsgeschichte zum Thema „Verkauf" zu schreiben und Sie haben mir geschrieben. Danke!

Ja, diese Geschichten verdeutlichen ganz eindeutig das, was ich erhofft hatte: Sie haben Spaß an Ihrem Beruf und Sie lieben ihn!

Es ist oft die umwerfende Situationskomik, die sich im Nachhinein nur schwer wiedergeben lässt und davor hatte so mancher von Ihnen Respekt, als er mir seine Geschichte geschrieben hat. Ich glaube, wir sind alle empathisch genug, um uns in die Situationen hineinzuversetzen und ich verspreche Ihnen als Leser schon jetzt: Sie werden schmunzeln!

Die schönsten Geschichten schreibt das Leben – und das scheint auch für den Verkauf eindeutig zuzutreffen!

11.1 „Die zickige Ehefrau!"

Karla Brendel ist selbstständige Finanzberaterin einer großen deutschen Bank. Sie schrieb mir:

> *Mein Lieblingskunde ist verheiratet, macht aber seine Finanzgeschäfte immer allein. Seine Frau hat auf das Thema keine Lust. Nun hat sie aber, wie er auch, eine Tochter aus erster Ehe, für die es Entscheidungen zu treffen galt. Mein Kunde hat sie also zu mir mitgebracht und ich hatte die Aufgabe, ihr für ihre Tochter einen Sparvertrag anzubieten. Als ich fertig war (ich muss sagen: die Frau hat all Ihre Unlust auf dieses Thema herausgelassen), meinte mein Kunde:*
>
> *„Also Frau Brendel, ich finde das Klasse. Geht das auch für meine Tochter?"*
> *Ich: „Ja, natürlich!"*
> *„Dann machen Sie das mal fertig, ich unterschreibe gleich!"*
> *Gesagt – getan. Zwei Stunden später rief er mich an:*
> *„Also Frau Brendel, das war prima, wie Sie das meiner Frau erklärt haben. Ich habe das hauptsächlich gemacht, weil sie so zickig war – und ob ich nun 100 Euro mehr oder weniger für meine Tochter spare, ist ja gleich. Das tut mir nicht weh. Und Sie sollen bitte auch die Unterlagen für meine Frau fertig machen!"*
> *Keine Ahnung, ob Sie damit was anfangen können, aber ich habe sehr gelacht.*

Vielen Dank Frau Brendel! Ja, damit kann ich etwas anfangen und auch ich habe sehr gelacht!

11.2 „Künzl – grünblau!"

Ulrich Häfele ist Versicherungskaufmann eines großen deutschen/internationalen Versicherers und mehrfacher Trainingsteilnehmer von mir. Dadurch hat er einen lustigen Effekt: Er spürt mich als „kleines schlechtes Gewissen" auf seiner Schulter sitzen und in unterschiedlichsten Situationen seines Verkaufes gleicht er immer wieder eigene Vorgehensweisen mit dem ab, was ich in meinen Trainings erzähle. Sehr lustig! Er schrieb mir:

> *Ganz überraschend war ich zu einem 25-jährigen Betriebsjubiläum eingeladen. Ein nicht alltägliches Ereignis im Mikrokosmos unserer Vorstadtsiedlung. Gute Gründe hatte ich bislang immer, mich auf den lokalen Veranstaltungen rar zu machen. Fred, ein Freund und Nachbar, bat mich, ihn trotzdem zu begleiten, und irgendwie reizte es mich nach dem Seminar auch, diesen Text auszuprobieren:*
>
> *„Mein Job ist es, einen ausgewählten Kundenkreis eines großen, europäischen Unternehmens zu beraten und zu betreuen."*
>
> *Die Gelegenheit ließ nicht lange auf sich warten. Gleich nach der Begrüßung und den Lobreden von Stadträten, Unternehmerverband und Auftraggebern – also nach knapp einer Stunde – während wir mit trockenen Mündern an der Getränketheke Schlange standen, kreuzte sich mein Weg mit dem eines Herren, den ich „vom Sehen her" kannte, ohne dass ich wüsste, wie er heißt und was er beruflich macht. Ihm ging es genauso. – Fast! Er kannte mich mit Namen und sprach mich an.*
>
> *„Nun", sagte ich, als er mich fragte, was ich außerhalb von Empfängen mache, „ich bin für einen Dienstleister europaweit tätig".*
>
> *Künzl grinste sich eins.*
>
> *Ich wusste gar nicht, dass er mitgekommen war.*
>
> *„Ahhh? Und was macht der Dienstleister?"*
>
> *Ich: „Er berät einen ausgewählten Kundenkreis. Das heißt, äh, ich berate die Kunden des Konzerns."*
>
> *Künzl wurde grün und blau. Anscheinend drehte es ihm gerade den Magen um.*
>
> *„Ein Konzern ... soso ...", sagte der Herr, den ich gar nicht erst nach seinem Namen fragte.*
>
> *„Und wie heißt die Versicherung?"*
>
> *„Mit ‚A' fängt Sie an."*
>
> *„A ... hoffentlich Allianz versichert?"*

„Nein. AXA."

„AXA?", meinte der Herr mit dem süffisanten Lächeln. „Und im Herbst eröffnen Sie mit dem Papst eine Herrenboutique in Wuppertal."

Ich dachte an das Loch mit fünf Buchstaben und sagte: „Das war Lindemann mit seinem Lottogewinn. Aber ich habe Informationen für Sie, die sich ähnlich großartig auswirken."

„Und die wären?", fragte er.

„Interessiert?"

„Sonst würde ich nicht fragen."

„Dann sollten wir einen Termin vereinbaren", und griff nach meinem Etui mit den Visitenkarten.

Redaktionelle Anmerkung: Nie privat eine Visitenkarte dabei haben! Da wirken Sie, als ob Sie auf Akquisetour wären und das ist genau das, was von dieser Branche erwartet wird. Herr Häfele, Herr Häfele …! Künzl – grünblau!

„Darf ich Ihre auch haben? Ich rufe an!"

Schon jonglierte er ein buntes Kärtchen aus seinem Jackett und reichte es in meine linke Hand. Schnell griff ich zu, während ich die meine noch festhielt. Er blickte mir verdutzt ins Gesicht und zerrte gierig an dem Karton:

„Was jetzt?", entfuhr es ihm.

„Denken sie daran!", sagte ich, „es wird der wichtigste Termin in Ihrem Leben."

„Na, da bin ich mal gespannt!"

Ich lockerte meinen Griff. Er lächelte mit einem Anflug von Triumph, wendete die Karte und meinte:

„Es ist besser, wenn ich Sie anrufe. Da kann ich Ihnen gleich konkret einen Termin geben."

Mir war klar, dass der Schnösel noch eins draufsetzen musste. Aber ich hatte noch einen Trumpf in der Hand (und ich finde ihn immer wieder gut):

„OK, halten wir es mit Jeremias!"

Er überrascht: „Jeremias?"

„Ja! Der Prophet. Altes Testament. Vers 33– Satz 3. Leicht zu merken."

Ich wusste, dass er sich keine Blöße geben wollte und grinste in mich hinein.

11.2 „Künzl – grünblau!"

„Alles klar", *sagte er lächelnd und zog weiter. Dass er etwas verlegen war, konnte er trotzdem nicht verbergen.*

Künzl hatte seine Gesichtsfarbe gewechselt: nach grün und blau jetzt leichenblass und puterrot: „Sooo gibt es keine Termine!", tadelte er.

„Mal abwarten", antwortete ich halblaut. „Der hat noch immer gewirkt".

Fred, mein Freund, fühlte sich angesprochen: „Das klappt nie!"

Ich: „Auch wenn es gegen jede Regel und Vernunft ist, anders kam ich da nicht mehr raus. Und wenn es nicht funktioniert, dann hake ich es unter ‚experimentelle Gesprächsansätze' ab."

Fred: „Nun ja – wenn es nicht zur Gewohnheit wird. Trotzdem solltest du dein Einstiegsgespräch besser drauf haben."

Künzl nickte bestätigend.

„Geht klar", sagte ich und freute mich, dass wir endlich unsere Getränke bestellen konnten.

Später auf dem Fest sah ich den Herrn, Betriebswirt und Personalchef einer Spedition, Abteilungsleiter im Sportverein, bei dem Pfarrer stehen und gestikulieren.

Fred kennt natürlich meine Trumpfkarte:

Jeremias 33.3 (Einheitsübersetzung):

„Rufe mich an und ich werde dir antworten. Ich werde Dir Dinge erzählen, die Du nicht weißt und die Dich in Erstaunen versetzen werden."

Doch zurück zur Geschichte:

Der Mann rief mich schon am nächsten Morgen an. Der Termin bei ihm und seiner Frau war lang und sehr informativ. Ich bekam alle Daten und eine Woche später konnte ich ihm mit ein paar Details weiter helfen. Große Abschlüsse waren nicht drin. Wichtiger aber ist, dass er der Türöffner für einen neuen Firmenkunden ist.

Fazit:

Für mich selbst:

Ich habe meine persönlichen Vorstellungs-Infos vor dem Spiegel geübt.

Künzl hat wieder Normalfarbe.

Stimmt! Danke Herr Häfele!

11.3 „Der Empfang!"

Michael Bähr ist selbstständiger Handelsvertreter eines großen italienischen Brillenherstellers. Er schrieb mir:

> „Neukundengewinnung ist wichtig!" habe ich mal gelernt und daher war ich auf der Suche nach Optikerfachgeschäften mit denen ich noch nicht zusammenarbeite. Meine Zugangswege sind da unterschiedlich. Häufig lasse ich mich empfehlen, manchmal gehe ich einfach rein, wenn ich irgendwo ein interessantes Geschäft entdecke und manchmal recherchiere ich auch im Internet und vereinbare dann einen Termin.
>
> So war es auch in diesem Fall. Ein Optikerfachgeschäft in einer zentralen Lage einer großen österreichischen Stadt, hochwertige Produkte im Angebot und tolle Bilder auf der eigenen Homepage. Die Inhaberin ist eine Dame, von der ich zu diesem Zeitpunkt (aufgrund des Impressums auf der Homepage) nicht mehr als den Namen wusste.
>
> Mit Ihrem Leitfaden Herr Künzl (danke dafür!) rief ich in dem Geschäft an, ließ mich mit Frau Müller (Name geändert!) verbinden und vereinbarte auch prompt einen Termin. Frau Müller bat mich, an einem Mittwochabend kurz vor Geschäftsschluss zu kommen, da sie dann mehr Zeit hätte mit mir zu sprechen und sich meine Kollektionen anzusehen. Diesem Wunsch kam ich gerne nach und so waren wir verabredet an einem schönen, späten Mittwochnachmittag. Der Feierabendverkehr an diesem Mittwoch war ungewöhnlich dicht und so war ich 5 Min zu spät. Kein Grund von unterwegs anzurufen, aber ich würde mich für mein Zuspätkommen auf jeden Fall entschuldigen.
>
> Das Geschäft war kleiner, als es auf den Bildern im Internet wirkte und ich dachte mir noch, dass Bilder doch geduldig sind.
>
> Frau Müller sagte mir noch, dass ich durch den Hintereingang ins Geschäft kommen würde, falls der Haupteingang schon verschlossen wäre. Aufgrund meiner Verspätung war dem natürlich auch so und ich ging durch eine Hofdurchfahrt zu der mir beschriebenen Hintertüre. Eine Klingel fand ich nicht und so klopfte ich kurz, nachdem ich aber keine Reaktion hörte, trat ich dann ein. Ein Kollektionskoffer links, einer rechts und keine Ahnung, wo es hingeht. Vor mir war ein kurzer Gang und es gingen zwei Türen ab. Die erste passierte ich und sah, dass es der Zugang zum leeren Laden war. Warum ich weiter keinen Ton von mir gab, kann ich heute nicht mehr sagen. Aber als ich vor der offenen zweiten Türe stand, durchschnitt ein spitzer Schrei die Luft und mir fielen vor Schreck beide Koffer aus der Hand. Der Schrei war nicht von mir, hätte er aber durchaus sein können.

> *Frau Müller räkelte sich, mit einem sehr durchsichtigen und nur leidlich bedeckenden Negligé, auf einem viel zu kleinen Schreibtisch und erwartete (hoffentlich!) nicht mich!*
>
> *Ich stieß einige Entschuldigungen hervor und war schon auf dem Rückzug, da hörte ich, dass aus dem Zimmer Ähnliches zu hören war. Frau Müller rief mir nach: „Entschuldigung, Entschuldigung, Entschuldigung! Herr Bähr? Bleiben Sie da! Ich habe nicht mit IHNEN gerechnet!"*
>
> *„Das hoffe ich!", wollte ich schon entgegen. Aber es wurde ein „Macht doch nichts!" daraus. Frau Müller erklärte mir, dass Sie wohl vergessen hätte, unseren Termin in ihren Kalender einzutragen.*
>
> *„Jetzt muss ich mir aber schnell was anziehen, sonst könnte mein Schatzi das eventuell falsch verstehen. Weil der muss jetzt jeden Augenblick zur selben Türe hereingerauscht kommen, durch die Sie gerade gekommen sind!"*
>
> *Ich stand auf dem Gang und betete zu Gott, dass der Feierabendverkehr auch bei Schatzi zu Verspätung führen würde und dass er hoffentlich etwas anhat, wenn er gleich durch diese Türe käme.*
>
> *Frau Müller war zum Glück wieder züchtig bekleidet bevor Schatzi eintraf und ihn durften wir in mitteleuropäisch üblicher Kleiderordnung in Empfang nehmen.*
>
> *Seit ich nun bei Ihnen auf Training war und bei Neukunden eine schriftliche Terminbestätigung schreibe, ist mir so etwas (leider!) nicht mehr passiert!*

Vielen Dank Herr Bähr! Dann lassen Sie doch die Terminbestätigung wieder weg! ☺

11.4 „Wies'n in München!"

Matthias Hiechinger ist Private Banker eines großen deutschen Bankkonzerns. Er schrieb mir:

> *Hallo Herr Künzl,*
>
> *ich bin nicht besonders gut in Selbstbeweihräucherung, zumindest mache ich das nicht gerne. Deshalb halte ich mich an dieser Stelle mit persönlichen Ratschlägen zurück, was einen guten Verkäufer ausmacht. Wenn ich da jetzt anfange, wird tatsächlich ein Buch daraus. Unterm Strich (und ich spreche jetzt für Vertrieb im Private-Banking-Bereich) ist man dann erfolgreich, wenn man ernsthaft und glaubwürdig das Grundvertrauen von seinem*

> *Kunden erhält, ihn in seinen intimen, finanziellen Themen unterstützen zu dürfen. Vertrauen basiert auf einem persönlichen Verhältnis. Um dahin zu kommen, muss ich dem Kunden genauso offen gegenübertreten, wie ich es mir von ihm wünsche.*

Redaktionelle Anmerkung: Richtig Herr Hiechinger!

> *Da Sie auch nach lustigen Anekdoten gefragt haben, sind mir spontan zwei erheiternde Geschichten aus dem Vertrieb eingefallen:*
> 1. *Es ist Oktoberfestzeit in München. Unser Team einer sehr zentral gelegenen Filiale freut sich auf den heutigen Filial-Ausflug auf die Wiesn. Als echte Münchner tragen mein Kollegen und ich am Schalter Tracht. Es ist nicht viel los an diesem Tag. Der Schalterraum gerade leer. Da öffnet sich die Eingangstüre einen kleinen Spalt und ein Herr mittleren Alters steckt seinen Kopf hindurch. „Tauschen Sie Devisen?", lautet seine doch recht direkt gestellte Frage. Nach einem kurzen Blick zu meinem Kollegen antworte ich im Scherz: „Haben Sie bitte Verständnis, dass wir Münchner niemals die Wiesn tauschen würden." Bevor dieser Satz geklärt werden kann, dreht sich der Herr verwundert um und geht ...*
> 2. *Bei dem Verkauf einer geschlossenen Beteiligung, mitten im Beratungsprotokoll Berater: „Ich möchte Sie noch auf die eingeschränkte Fungibilität des Investments hinweisen."*
> *(redaktionelle Anmerkung: Fungibilität ist die Eigenschaft von Gütern, Devisen und Wertpapieren, leicht austauschbar zu sein.)*
> *Zum Abschluss des Gesprächs der Kunde: „Die Anlage finde ich gut. Das machen wir. Nur das mit den Pilzen habe ich nicht verstanden."*
> *Viele Grüße und weiterhin viel Erfolg*
> *Matthias Hiechinger*

Vielen Dank Herr Hiechinger! Ihnen auch!

11.5 „Der Fahrstuhl!"

Detlef Schwarz ist Bezirksleiter einer großen deutschen Versicherung. Er schrieb mir:

Hallo Herr Künzl,

vielen Dank für die Zusendung Ihres Infobriefes. Ich habe diesen, wie immer, mit Begeisterung gelesen. Die Idee, als „MitAUTOR" zu fungieren, finde ich einfach klasse. Ich denke, dass dadurch ein Erfahrungsaustausch der besonderen Art entsteht.

*Ich hatte das Vergnügen im letzten Herbst in Hannover das Seminar „**Sicher zum Abschluss**" zu besuchen. Ich muss sagen, dass es nicht nur ein Seminar, sondern ein super interessantes, kurzweiliges ERLEBNIS war.*

Redaktionelle Anmerkung: Danke Herr Schwarz!

Ich habe mich natürlich gleich am nächsten Arbeitstag an die Umsetzung Ihrer Empfehlungen gemacht. Wichtig war mir, die Verkaufsstorys in meinen Gesprächen einzusetzen. Nach den ersten Gehversuchen bzw. Übungen, die meine Frau über sich ergehen lassen musste, ergab sich folgende Begebenheit. Ich nenne sie mal:

*Verkaufsstory: **Fahrstuhl** (ich glaube, wer, wie ich, Ihr Buch kennt, weiß, wovon ich spreche)*

Redaktionelle Anmerkung: Das ist die Fahrstuhlstory.

„‚Absicherung der Arbeitskraft' brauche ich nicht. Ich bin Kaufmann, da werde ich nicht berufsunfähig!"

„Herr Müller (Name geändert), Sie sagten gerade, eine Berufsunfähigkeitsversicherung bräuchten Sie nicht, weil Sie das Gefühl haben, dass Sie als Kaufmann ja immer noch Ihren Job machen könnten – selbst wenn man Sie in Ihr Büro hineinschiebt. Liege ich da richtig?"

„Das Gefühl habe ich!"

„Welche Krankheit, die unter Umständen zu Berufsunfähigkeit führt, ist in Deutschland aus Ihrer Sicht auf dem Vormarsch?"

„Herz-Kreislauf-Erkrankungen, vielleicht Krebs?"

„Ja, das möchte man meinen, das hört man häufig. Tatsächlich betreffen moderne Krankheiten die Psyche, Nerven, Geist und Gemüt. Depressionen sind statistisch erwiesen unser Hauptproblem. Für wen stellen sie vermutlich ein Problem dar, für den Kaufmann oder den Handwerker?"

„Wohl eher für den Kaufmann."

„So ist es. Und das ist hoch interessant. Stellen Sie sich vor, Sie stünden oben auf einem Hochhaus, 100 Stockwerke, und dort weht ein starker Wind."

„Ja."

„Es gibt vier Aufzüge, und Sie wissen, einer davon wird bei der Talfahrt in den Keller stürzen. Gehen Sie zu Fuß oder nehmen Sie den Fahrstuhl?"

„In diesem Fall würde ich wohl zu Fuß gehen."

„Das ist interessant. In diesem Fall gingen Sie zu Fuß und beim Thema Berufsunfähigkeit nähmen Sie den Lift – und das mit viel Überzeugung!"

Das Kundengespräch lief, meiner Meinung nach, 1A. Meine Frage: „Herr Müller, nehmen Sie den Fahrstuhl oder gehen Sie durch das Treppenhaus?" Die Antwort lautete natürlich „Treppenhaus!"

Im weiteren Verlauf war dem Kunden die Notwendigkeit zu Handeln klar. Ich Trottel habe, über die Freude des gelungenen Verkaufsgesprächs, völlig vergessen die Abschlussfrage zu stellen.

Der Kunde zog von dannen und ich war stinksauer auf mich selbst, dass ich das Ding nicht eingetütet habe.

Eine Woche später:

Der Kunde kommt in die Bank und geht zum Schalter: „Hallo Frau xxx, ist der Herr Schwarz von der R+V, im Hause?" „Ja, einen kleinen Moment bitte!"

Schwarz: „Hallo Herr Müller, wie kann ich Ihnen helfen?"

Kunde: „Herr Schwarz, wir hatten doch in der letzten Woche das Gespräch und ich habe die ganze Woche diesen dämlichen Fahrstuhl vor Augen! Nicht nur das, sondern ich denke in diesem Zusammenhang natürlich über meine Situation nach, wenn das Ding – im übertragenen Sinne – wirklich abstürzt."

Schwarz: „Mein lieber Herr Müller, bitte nehmen Sie Platz, dann werden wir beide eine Lösung für Sie finden."

Der Abschluss der Berufsunfähigkeitsversicherung sowie einer Krankentagegeldversicherung war nur noch Formsache.

Sie können sich vorstellen, dass ich vom Einsatz der Bildersprache und deren Wirkung begeistert war. Mittlerweile ist der Kunde mit allen seinen Verträgen, sowie denen seiner Familie, zu uns gewechselt.

Vor zwei Wochen war ich bei der Mutter des Kunden, wo der Kunde selbst auch zugegen war. In einer lockeren Runde beim Kaffee berichtete er mir:

„Herr Schwarz, jedes Mal, wenn ich einen Fahrstuhl betrete, muss ich an Sie denken und fühle mich mit der neuen Situation sauwohl."

Wir haben uns dann über die frühere Werbung des Kaufhauses Horten in Bremen amüsiert, diese Werbung begann immer wie folgt:

„Hallo mein Name ist Meyer, Jan Meyer, Fahrstuhlführer von Horten Bremen!"

Vielen Dank Herr Schwarz! Da haben doch glatt die Aufzüge Einzug in Ihren Vertriebsalltag gehalten!

11.6 „Ein erfreulicher Anblick …!"

Hagen Grasemann ist selbstständiger Finanzberater einer großen deutschen Bank. Er schrieb mir:

> *Freitagnachmittag, 16.00 Uhr – mein letzter Termin, dann endlich Wochenende!*
>
> *Es ist August – 35 Grad Celsius, also das ideale Verkäuferwetter, der Kunde wohnt im fünften Stock! Also Schwitzen ist angesagt!*
>
> *Zweimal auf dem Klingelknopf „verweilt". „Lehmann" (Name geändert!), schallt es aus dem kleinen Klingeldisplay! „Ja, hallo Herr Lehmann, hier ist Grasemann, wir hatten einen Termin vereinbart!" Von der anderen Seite schallt es schroff: „Fünfter Stock links! Hier gibt es keinen Fahrstuhl – ich warte hier oben auf Sie!" Ein Surren in der Tür, ich drücke, die Tür geht auf.*
>
> *Der Aufstieg beginnt – 35 Grad Celsius, der Schweiß läuft mir jetzt schon herunter, fünf Etagen, Schadensaufnahme – und da steht er nun im Türrahmen – Herr Lehmann. Kurze rote DDR-Unterhosen, ein weißes Unterziehhemd in die Unterhose gesteckt, 190 cm groß, Bierbauch, Zigarette in der linken Hand, mit der rechten Hand im Türrahmen nach oben abgestützt, Glatzkopf, barfüßig – also um es auf den Punkt zu bringen: Angefangen von den Temperaturen, bis hin zum letzten Kunden – an diesem Freitagnachmittag stimmte einfach alles!*
>
> *Tja, wie soll ich es sagen? Die ersten Sekunden sind die entscheidenden. Kunde – Verkäufer, da stehen Herr Lehmann und ich. Ich in schwarzer Hose, weißem Hemd, bis oben hin zu, Krawatte, schwarzen Schuhen, schwarzer Pilotenkoffer links und rechts die Hand frei zur Begrüßung – „Grasemann, Ihr Finanzberater!" – „Na endlich oben angekommen, kommen Sie rein!" Krasser hätten die Gegensätze für ein erstes Kennenlernen nicht sein können! Aber das ist mir in diesem Moment alles egal. Nur rein jetzt und hinsetzen. Herr Lehmann macht sich bei mir den ersten Pluspunkt. „Möchten Sie etwas trinken?" „Ein Glas Wasser!", kommt aus meiner vertrockneten Kehle.*
>
> *Nachdem das Glas Wasser vor mir auf dem Tisch steht, ich einen großen Schluck genommen habe, Herrn Lehmann nach seinem Wohlbefinden gefragt habe und er mir mit seinem kalten Bier zugeprostet hat, spüre ich in mir das Verlangen – nein den innigsten Wunsch – diesen Termin so schnell wie möglich zu beenden!*
>
> *In Gedanken sehe ich mich schon im Garten sitzen. Nicht vor Herrn Lehmann mit dem Bierchen in der Hand, sondern ich, meine Tochter, die vor mir*

in den Swimmingpool springt und mein Hund, der im Schatten unter dem Tisch liegt.

„So Herr Lehmann, am Telefon berichteten Sie mir von einem Schadensfall. Um was geht es denn hierbei? Was ist denn passiert?"

Herr Lehmann, dem der Schweiß mit jedem weiteren Schluck Bier von seinem kahlen Kopf herunterrinnt, mustert mich und sucht nach Worten, um mir ganz „sachverständig" den Schaden zu schildern.

Nach fünf Minuten Formulierungsansätzen versuche ich das Ganze nochmals zu hinterfragen und mir Notizen zum Schadenshergang zu machen.

„Also Herr Lehmann, wenn ich Sie richtig verstanden habe, hatte Ihr 20-jähriger Sohn in der Disco acht Bier und vier Schnäpse getrunken. Während einer verbalen Auseinandersetzung mit zwei anderen ‚Bürgern' auf der Tanzfläche kam es dann zu einem kleinen Handgemenge. Bei diesem Handgemenge wurde Ihrem Sohn das Hemd zerrissen und die Hose beschmutzt. Ihr Sohn wiederum versuchte während des Handgemenges, seinem Gegenüber das geschlossene Jackett über den Kopf zu ziehen und die Brille ‚vorsichtig' abzunehmen.

Als der andere Bürger Ihren Sohn fragte, ob er damit aufhören könnte, rutschte dieser in einer Bierpfütze zufällig aus und eine Glasscherbe schnitt ihm den linken Oberarm auf.

Und jetzt kommen diese beiden Bürger auf Ihren Sohn zu und fordern ihn auf, die Krankenhausrechnung in Höhe von 380 Euro sowie die zerrissenen Sachen im Wert von 210 Euro, zu bezahlen, nachdem die Polizei Ihren Sohn als Schuldigen ermittelt hatte!?"

Herr Lehmann sieht mich an, nimmt wieder einen Schluck Bier aus seiner Flasche und entgegnet nur kurz: „Genau so hat es sich abgespielt!"

Ich denke nun: Hagen, du hast zwei Möglichkeiten, den Kunden jetzt nicht zu verärgern.

Erste Möglichkeit: Du stimmst dem Kunden vollkommen zu und sagst ihm, dass es eine große Sauerei sei, dass sein Sohn für die Schäden aufzukommen hat und die Versicherung das aber schon regeln wird!

Zweite Möglichkeit: Du fragst Herrn Lehmann, ob er auch ein Bier für dich hat. Es ist ja schon Freitagnachmittag!

Aber ich weiß genau, dass keine der beiden Möglichkeiten in diesem Moment (Freitagnachmittag, draußen 35 Grad Celsius und mir gegenüber Herr Lehmann) meine Lage entspannen würde.

In Gedanken male ich mir schon aus, wie Herr Lehmann, nach meinen Ausführungen, gleich aus dem Sessel springen würde, der Versicherung die „Pest" wünschen, im Wohnzimmer hin- und herspringen und mir ein schö-

11.6 „Ein erfreulicher Anblick …!"

nes Wochenende wünschen würde. Ach so … und ich die Kündigungen für all seine Versicherungen gleich mitnehmen müsse!

Hagen, sage ich mir innerlich, du machst hier nur deinen Job und dein Job besteht darin, den Sachverhalt aufzunehmen und an die Schadensabteilung weiterzuleiten.

Das tue ich dann auch. Während der Aufnahme des Sachverhaltes suche ich nach ganz vorsichtigen Formulierungen, welche Herrn Lehmann geringe Aussichten auf eine finanzielle Schadensregulierung machen sollen. Irgendwie habe ich aber das Gefühl, dass Herr Lehmann nach dem zweiten Bier immer mehr, jetzt mit erhobener Stimme, versucht, seinen Unmut gegenüber der Versicherung zum Ausdruck zu bringen. Nachdem mir Herr Lehmann die Schadensanzeige unterschrieben hat, sehe ich mich gedanklich schon im Auto sitzen und meinen Schlips auf den Beifahrersitz legen. Und dann ist da schon der Ohrwurm „Verdammt ich lieb' Dich" in meinem Ohr, welcher aus meinem Auto CD-Player spielen wird.

Meine Unterlagen sind eingepackt und die Tasche steht auf dem Sofa. „Herr Lehmann, haben Sie sonst noch eine Frage?" Herr Lehmann schaut mich irgendwie eigenartig an und antwortet mir: „Ich nicht, aber mein Sohn!" „Ronald!", ruft er in Richtung Nebenzimmer. „Ronald!" – hierbei zieht er das „o" schon ein wenig länger. Die Tür zum Nebenzimmer öffnet sich und Ronald kommt ins Wohnzimmer. „Der Apfel fällt nicht weit vom Stamm!" denke ich mir, als ich die Erscheinung von Ronald so betrachte. Groß und kräftig kommt er in Richtung Sofa auf mich zu. „Ich bin der Ronald!", sagt er. „Ich bin Hagen Grasemann." „Setz dich!", stößt der Vater zu Ronald hinüber.

Ronald setzt sich auf die Couch neben mich. Als er es sich so gemütlich macht auf der Couch neben mir, spüre ich allmählich meinen wohlverdienten Feierabend davonziehen. „So, nun frage, was du Herrn Grasemann fragen wolltest!", zischt Herr Lehmann seinen Sohn an. „Ja", sagt dieser, als er sich ein Sofakissen als Halt gesucht hat. „Machen Sie auch Unfall- und Berufsunfähigkeitsversicherungen?", fragt er zögerlich.

„Nein!" geht es blitzschnell durch meinen Kopf. Nach dem Vorgespräch mit seinem Vater und der daraus, fast automatisch, resultierenden Ablehnung in dem Schadensfall, wird doch der Sohn, um den es vorher ging, keine neue Versicherung bei mir abschließen wollen!?

„Ja.", sage ich zögerlich. Nach der Bedarfsermittlung und dem daraus geführten Verkaufsgespräch frage ich Ronald, wie viel er denn bereit wäre, monatlich dafür zu investieren. Ronald schaut mich kurz an und sagt mir, dass er dafür monatlich 150 € eingeplant hätte.

> *Tja, denke ich mir, Ronald hat begriffen, dass es eine Absicherung nicht für ein paar Bier und Schnaps gibt. Und das ist gut so – für Ronald und für mich und meinen bis dahin nicht wirklich gut gelaufenen Nachmittag bei Familie Lehmann.*
> *Wer nun aber denkt, das wäre mein Nachmittag bei Familie Lehmann gewesen, dem muss ich leider sagen, dass er irrt! Denn ob Sie es glauben oder nicht, Herr Lehmann hat noch eine Tochter. Isabell, 18 Jahre, zierlicher und netter als der Vater und gesprächiger als der Sohn Ronald.*
> *Aber eines hat Isabell mit Ronald gemeinsam: Nachdem sie von ihrem Vater ins Wohnzimmer gerufen wurde, hat sie genau die gleiche Frage: „Machen Sie auch Unfall- und Berufsunfähigkeitsversicherungen?"*
> *Irgendwie löst die Frage langsam Unwohlsein bei mir aus. Ist das Ganze ein Test? „Ja", lautet meine zögerliche Antwort erneut. Nach einer halben Stunde Gespräch mit Isabell ist der nächste Vertrag, mit monatlich 100 €, für ihre Absicherung getätigt.*
> *Beim Heruntergehen überkommt mich irgendwie ein durchaus glückliches Gefühl – könnte nicht jeder Freitagnachmittag so ablaufen?*
> *Es war ein wirklich schöner Freitagnachmittag: 35 Grad Celsius, 5. Etage, schweißgebadet, der Anblick zur Begrüßung und Familie Lehmann.*
> *P.S.: Die Verträge sind heute noch aktiv in meinem Bestand!*

Vielen Dank Herr Grasemann! Was lernen wir jetzt daraus? Erfolg verändert die Wahrnehmung oder erhöht die Leidensfähigkeit!

11.7 „Es geht so oder so …!"

Alexander Witalinski ist Vertriebsleiter eines Münchner IT-Unternehmens, das darauf spezialisiert ist (so sagt er das immer wortwörtlich!) „aus Sch… Gold zu machen!". Das heißt, dieses Unternehmen kauft gebrauchte Hardware an und verwertet diese weiter. Er schrieb mir:

> *„Es gibt zwei Varianten, in welcher Art und Weise ein Flug von München nach Berlin ablaufen kann.*
> **Variante 1:**
> *Du steigst in München ein, setzt dich hin und lässt den Kurztrip als lästiges Übel geschehen. In Berlin steigst du aus und hast keine Ahnung, wer die Person rechts und links von dir eigentlich war.*

11.7 „Es geht so oder so …!"

Variante 2:
Du steigst in München ein, setzt dich hin und hast dich bereits mit der Person links von dir unterhalten, da ihr wegen des Handgepäcks ins Gespräch gekommen seid. Auf dem Flug tauscht ihr euch noch weiter aus und mit dem Herrn zu deiner Rechten kommst du auch ins Plaudern. In Berlin steigst du aus und hast zwei interessante Menschen kennengelernt. Dein Gepäck ist natürlich auch um zwei Visitenkarten reicher geworden. Wer weiß, was sich dadurch noch so alles ergibt …."

Diese kleine Geschichte stammt von Michael Künzl. In einem seiner Trainings habe ich sie „mitgenommen" und bis heute nicht vergessen.

Ich war wie jedes Jahr auf der CeBIT in Hannover und stand gerade an der Bar, um für meinen Kunden einen Cappuccino nebst Wasser zu bestellen. Wer die Messe kennt, der weiß, dass es an den meisten Ständen etwas enger zugeht und sich sehr viele Menschen tummeln. So war es auch an diesem Tag. Kurz nach der Aufgabe meiner Bestellung trat ein großer schlanker Mann mit Hornbrille neben mich und bestellte ebenfalls – ich nehme mal an auch für seinen Kunden. Er fragte mich höflich, ob der Barhocker neben mir noch frei sei und er sich kurz setzen könne, bis seine Bestellung fertig sei. Ich antwortete kurz und höflich mit: „Ja gerne!". Danach das typische Verhalten: großes Schweigen! Und ja nicht in seine Richtung blicken, um eventuellen lapidaren Fragen aus dem Weg zu gehen …

Dann erinnerte ich mich an die Geschichte von Michael Künzl. Ich dachte, das probierst du jetzt einfach mal aus und führst das Gespräch weiter. Schaden kann es ja nicht …

Ich machte noch ein paar witzige Bemerkungen und das Eis war ganz gebrochen, als ich meinte, dass die Herrschaften von der Messeagentur dieses Jahr die Barhocker meiner Bauchform angepasst haben. „Sehen Sie diese Mulde …?"

Irgendwann fragte er mich: „Sagen Sie mal, was machen Sie eigentlich für ein Business?" Nachdem ich es ihm kurz erläutert hatte, fragte ich ihn: „Und, was machen Sie?" Er antwortete: „Ich bin bei Microsoft und dort unter anderem für Gewerkschaften und Parteien zuständig. Ich könnte mir vorstellen, dass ihr Thema für eine gewisse große deutsche Volkspartei von Interesse sein könnte. Haben Sie eine Visitenkarte für mich? Ich höre dort mal nach …."

Gesagt – getan. Wir tauschten unsere Kontaktdaten aus und nach einer kurzen Verabschiedung trennten sich unsere Wege wieder.

Es dauerte exakt 72 h – ich war immer noch auf der CeBIT – als ich eine E-Mail von diesem besagten Herrn auf meinem Smartphone las, welche wie folgt lautete:

> *Lieber Herr Witalinski,*
>
> *wie auf der CeBIT besprochen, habe ich bei der CSU nachgehört, ob ihr Thema von Interesse sein könnte und dies ist der Fall. Bitte setzen Sie sich mit Herrn XY in Verbindung! Er ist von mir schon über Sie informiert worden und freut sich auf ein persönliches Treffen.*
> *Herrn XY kenne ich als sehr zuverlässigen Menschen und er hält sein Wort, wenn er von etwas überzeugt ist.*
> *In diesem Sinne: Gute Geschäfte und informieren Sie mich bitte, wie der Termin verlief!*
>
> *Mit den besten Grüßen aus Berlin*
> *Thomas H.*
>
> *Circa drei Wochen später hatte ich einen Termin bei Herrn X Y bekommen. Das Gespräch verlief sehr angenehmen. Ob das wohl daran lag, dass wir beide Herrn Thomas H. kannten? Definitiv!*
> *Vor einem Monat traf ich Thomas H. wieder zufällig in der Drehtür der Microsoft-Zentrale in München. In diesem Gespräch sagte er zu mir: „Ich habe im Übrigen in zwei Wochen einen Termin bei der SPD ...! Mal sehen, wie ich dort Ihr Thema platzieren kann."*
> *Ich kann also nur jeden dazu animieren diese kleine Geschichte im Hinterkopf zu behalten und bei entsprechender Gelegenheit selbst auszuprobieren. Schaden kann es mit Sicherheit nicht!*
>
> *Herzlichst*
> *Alexander Witalinski*

Vielen Dank Alex! Was ein ausgefeilter Elevator-Pitch doch so alles bewirken kann ...!

Wie Sie nie werden sollten! 12

Es gibt Verkäufertypen (oder sollte man besser sagen ... Menschentypen) ... in diese sollten Sie sich im Laufe Ihrer Karriere nie verwandeln. Wenn Sie dieses Buch lesen und sich eher auf der Kundenseite sehen, dann sollten Sie bei diesen Typen das Weite suchen.

Es sind Typen, die es aufgrund ihrer persönlichen und charakterlichen Eigenschaften zwar eventuell schaffen, immer wieder Kunden etwas zu verkaufen. Allerdings kann es passieren, dass sich der Kunde nach dem Kauf extrem unwohl fühlt. Im Sinne von dauerhaften Kundenbeziehungen ist das keine glückliche Voraussetzung und aufgrund von mangelnder Zufriedenheit werden diese Verkäufer auch eher selten empfohlen.

Manchmal ist es leider gerade der Erfolg und die damit verbundenen Weihen, die ursprünglich nette Menschen (egal welcher Branche!) mutieren lassen. Also suchen Sie sich Vertrauenspersonen, die Ihnen ehrliches Feedback geben und die Sie einbremsen, wenn Sie eventuell doch mal die Bodenhaftung verlieren sollten!

(oder wen Sie als Kunde meiden sollten ...!)

12.1 „Der Schulfreund!"

12.1 „Der Schulfreund!"

Haben Sie schon mal den Film „Und täglich grüßt das Murmeltier!" gesehen? Das ist einer meiner Lieblingsfilme und was soll ich sagen ... diesen Film zu kennen gehört zur Allgemeinbildung!

Es gibt da eine Szene, in der der Hauptdarsteller auf der Straße von einem wahnsinnig unangenehmen Menschen begrüßt wird. Dieser kennt ihn angeblich aus der Schulzeit. Jetzt ist er Versicherungsvertreter und hat nichts Besseres zu tun, als seinem vermeintlich ehemaligen Schulfreund, schon auf der Straße, irgendetwas andrehen zu wollen.

Ist Ihnen schon mal etwas Ähnliches passiert? Mir schon! Da klingelte das Telefon und eine mir unbekannte Stimme meldete sich und gab vor, mich aus meiner Schulzeit zu kennen. Ich war angeblich eine oder zwei Klassen über ihm, aber wir hätten uns gelegentlich unterhalten. Ich wollte schon antworten, dass das mehreren an meiner Schule passiert ist, aber irgendwie kam ich gar nicht richtig zu Wort und das Gespräch driftete sehr einseitig und sehr schnell in die geschäftliche Richtung. Er habe sich selbstständig gemacht, verdiene unheimlich gut und mir, als altem Schulkumpel, wollte er diese Chance des Lebens doch nicht vorenthalten.

Was dieser plaudernde Schuljahrbuchsleser nicht wissen konnte ist, dass ich mir meine Freunde selbst aussuche und dass seine Geschichte dadurch so durchlässig wie ein Emmentaler war. Bei mir ist er daher auf Granit gestoßen, aber ich glaube so manchen anderen hat er damit dran gekriegt.

Vorsicht Falle! Egal worum es in so einem Gespräch gehen soll (eine Dienstleistung, ein Produkt oder eine Geschäftsidee) – nur in den seltensten Fällen steckt ein seriöses Angebot dahinter.

Also wenn Sie jemanden nicht wirklich kennen und sich dieser Jemand in Ihre Vergangenheit hinein zaubern will, um mit Ihnen ins Geschäft zu kommen, dann lehnen Sie entweder sofort dankend ab – oder schauen zumindest ganz genau hin!

12.2 „Der Beau!"

12.2 „Der Beau!"

Gut auszusehen ist keine Schande! Und ja, es hilft. Zahlreiche Studien belegen, dass der Erfolg eines Menschen sehr häufig auch etwas mit seinem Aussehen zu tun hat. Darüber haben Sie in diesem Buch schon einiges gelesen.

Allerdings gibt es auch Verkäufertypen, die diesen naturgegebenen Vorteil zu Ungunsten Ihrer Kunden ausnutzen.

Kleine Unzulänglichkeiten des angebotenen Produktes oder der angebotenen Dienstleistung werden charmant weggelächelt und wirklichen Einsatz für einen Geschäftsabschluss oder einen Kunden kann man von dieser Bereicherung der Menschheit nicht erwarten.

Neulich zappte ich über eine dieser zahlreichen Auswandererserien im TV und da war ein Beitrag über einen (zweifelsohne gut aussehenden) jungen Mann, der nach Südafrika ging, um dort zu modeln. Nebenbei musste er aber jobben, um sich seinen Aufenthalt dort überhaupt leisten zu können. Kurz gesagt ... er war sich für alles zu gut und zu schade und fühlte sich von Anfang an zu Besserem berufen und eigentlich schon als der einzig rechtmäßige Nachfolger von Markus Schenkenberg.

Dabei wirkte dieser zwischenmenschliche Tiefflieger aber so unsympathisch und überheblich, dass er sich den Zorn aller Beteiligten zuzog, seinen Job verlor, keinen Modeljob bekam und wieder seine Heimreise antreten musste. Obwohl ich kein sehr schadenfroher Mensch bin ... recht so!

Also seien Sie kritisch zu sich selbst! Gebe ich diesem Menschen gerade eine Chance, weil er gut aussieht, oder hat er sich diese Chance wirklich verdient? Ich will Sie jetzt nicht dazu anhalten, schönen Menschen gegenüber generell misstrauisch zu sein, aber einen Filter an dieser Stelle ins eigene Unterbewusstsein einzubauen kann nicht schaden. In keinem Lebensbereich ...!

12.3 „Der Unpünktliche!"

12.3 „Der Unpünktliche!"

„Was an deiner Zeit ist wertvoller als an meiner …?"

Diese Frage würde ich vielen Menschen gerne viel öfter stellen, als es meine gute Erziehung und mein Harmoniebedürfnis zulassen. Viele Menschen scheinen zu glauben, dass es spannend und wichtig macht, wenn man ein klein wenig zu spät kommt. Solange es tatsächlich „ein klein wenig" ist und dies auch nur hin und wieder geschieht, ist – glaube ich – auch alles in Ordnung. Doch bei manchen Menschen hat Zuspätkommen Methode und Beständigkeit. Da spielt sich das Zuspätkommen in Zeiträumen ab, die man schon mit …stunde benennt (Viertel…, halbe… etc.) und es passiert tatsächlich beinahe jedes Mal.

„Tja, so bin ich halt!" kann ich als Entschuldigung leider nicht gelten lassen. „Tja, dann bist Du halt der Falsche für mich!" ist da die einzig richtige Antwort drauf. Unpünktlichkeit macht nicht spannend, sie erzeugt kein Interesse, sie ist nicht cool und nein, die schönsten Gäste sind nicht die, die zuletzt kommen, sondern die, die am besten aussehen!

Unpünktlichkeit erzeugt bei vielen Menschen nur Aggression und Unverständnis.

Egal ob Sie nun auf Seiten des Verkäufers oder des Kunden stehen … lassen Sie das nicht mit sich machen und tun Sie es auch keinem anderen an!

12.4 „Der Überpünktliche!"

12.4 „Der Überpünktliche!"

Sie ahnen es wahrscheinlich schon, aber auch Überpünktlichkeit ist (egal aus welchem Blickwinkel) kritisch zu betrachten.

Überpünktliche Menschen rauben anderen Menschen oftmals die Chance und die Ruhe der Vorbereitung. Sie setzen den anderen (oftmals unbewusst) unter Druck und sie signalisieren etwas.

Ein überpünktlicher Verkäufer (und ich spreche jetzt nicht von ein paar Minuten, sondern wieder von den mit … Stunde zu benennenden Zeiträumen) signalisiert eventuell, dass er es nötig hat und dass er auf dieses Geschäft oder diesen Kunden dringend angewiesen ist. Und das wiederum erzeugt beim Kunden keine Sogwirkung. „Kunden kaufen nur von Siegern!" heißt ein alter Leitspruch des Verkaufes. Und ein Sieger hat es nicht notwendig schon lange vorher auf der Matte zu stehen, sondern ein Sieger kommt ganz souverän und sehr gut vorbereitet pünktlich zum Kunden!

12.5 „Der Angeber!"

12.5 „Der Angeber!"

Mein Finanzdienstleistungsunternehmen war relativ schnell erfolgreich und da ich sehr viel arbeitete, wollte ich mir nach einem sehr erfolgreichen Jahr etwas gönnen. Der 911er war gebraucht und ich konnte ihn mir auch leisten (was nicht auf alle Fahrer von derartigen Autos immer zutrifft). Eines schönen Abends hatte ich einen Ersttermin mit einem neuen Kunden, der am Stadtrand von München wohnte. Einfamilienhausgegend, gepflegte Gärten und Toyotas, Golfs und Familienkombis prägten das Bild. Ein Stadtrandviertel also, wie es das in jeder anderen großen deutschen Stadt auch gibt. Ich werte das auch nicht, sondern jeder wohnt so, wie er sich das aussucht und somit hat alles seine Daseinsberechtigung.

Mein Ersttermin mit diesem Kunden (ein sehr nettes Ehepaar) lief sensationell. Wir verstanden uns super und auch die Vertrauensbasis wurde hergestellt (allerdings nicht stabil genug – wie sich hinterher herausstellte!). Gegen Ende des Termins überließ mir das Ehepaar seinen kompletten Finanzordner, damit ich diesen durchchecken konnte und ihnen Verbesserungsvorschläge unterbreiten konnte. Der Mann brachte mich nach der Verabschiedung zur Haustüre, drückte mir dort die Hand und ich durchschritt den Vorgarten. Am Gartentürchen angekommen drehte ich mich noch mal um und er stand immer noch da. Ich winkte noch mal kurz und überquerte dann die Straße. „Zum Glück ums Eck geparkt!", dachte ich noch zu mir selbst, lief ungefähr 200 m die Straße herunter und bog dann in die Querstraße ab, in der ich geparkt hatte.

Was mir vorher nicht aufgefallen war, war, dass diese Querstraße eine Sackgasse war und ich wenden musste. Ich blieb noch zwei bis drei Minuten im Auto sitzen, machte mir ein paar Notizen zu dem Kunden und fuhr dann los. Ich dachte mir noch, dass der Mann jetzt bestimmt nicht mehr vor dem Haus stehen würde und bog daher in seiner Richtung auf die Hauptstraße ein. Falsch gedacht! Er stand immer noch da und starrte mit offenem Mund in meine Richtung. Ich winkte ihm verlegen zu und fuhr nach Hause. Am nächsten Morgen erwartete mich meine aufgelöste Sekretärin und fragte mich, was ich denn mit diesen Kunden verbrochen hätte. Ich fragte zurück: „Warum, es ist doch alles gut gelaufen!" Sie sagte: „Nein, das glaube ich nicht. Der Kunde war der erste Anrufer heute Morgen und er hätte gerne seine Unterlagen zurück und sieht von einer weiteren Beratung ab!"

Mit Autos kann man es nicht jedem Recht machen. Ist es zu groß und zu teuer, dann haben viele Kunden das Gefühl, dass sie hier nur über den Tisch gezogen werden. Ist das Auto zu klein oder zu billig, dann denken sich Kunden möglicherweise, dass man nicht der richtige Geschäftspartner ist, weil man nicht erfolgreich ist.

Mit einem vernünftigen und gepflegten Mittelklasse- bis Oberklassewagen kann man nicht allzu viel falsch machen. Und so verhält es sich beinahe mit allen sogenannten Insignien der Macht: Autos, Uhren, Kleidung, Schmuck …

Deutschland ist leider dafür bekannt ein Land der Neider zu sein. Also Vorsicht mit zur Schau gestelltem Erfolg. Werden Sie nicht unbewusst zum „Angeber"! Denn dieser wird ihnen eventuell übel genommen.

12.6 „Der Schlaumeier!"

12.6 „Der Schlaumeier!"

Sie haben in diesem Buch schon gelesen, dass ausgeprägtes oder übertriebenes Fachwissen nicht verkaufsförderlich ist. Zumindest dann nicht, wenn es ungefragt über Kunden ausgekippt wird.

Es geht aber noch schlimmer! Der Schlaumeier ist ein Verkäufer, der grundsätzlich alles – und ich betone ALLES! – besser weiß. Selbst noch so kleine Harmlosigkeiten, die er in einem Gespräch ruhig mal im Raum stehen lassen könnte, muss er richtig stellen und er liebt es, sein gigantisches Fachwissen bei jeder Gelegenheit aufs Podest zu stellen.

Immer Recht zu bekommen bringt einen im Leben nicht weiter, sondern es ist – wie immer – die goldene Mitte, die einen im Leben sympathisch und erfolgreich macht. Auch ihr Kunde will mal Recht haben und er will vor allem gehört werden. In meinen Coachings beobachte ich in Verkaufsgesprächen sehr häufig, dass der Verkäufer geradezu händeringend nach jeder passenden Gelegenheit im Gespräch sucht, sich hervorzutun und es dem Kunden so richtig zu sagen. Die Meinung, die Wahrheit, das eigene Fachwissen, die eigenen Erlebnisse oder manchmal auch nur den eigenen Unfug. Wenn ich dann nach dem Gespräch Feedback gebe, dann höre ich sehr häufig den Satz: „Na ja, so schlimm war das doch jetzt bestimmt auch wieder nicht!" Der Tipp, den der Verkäufer dann meistens von mir bekommt, ist, dass er sich doch mal selbst aufnehmen soll. Wir haben alle diese wunderbaren, modernen Handys mit Sprachmemo-Funktion. Und Sie ahnen nicht wie brillant diese Mikrofone sind. Stecken Sie das Handy in Ihr Jackett, drücken Sie auf Aufnahme und führen Sie dann Ihr Verkaufsgespräch! Es wird außerhalb Ihrer Komfortzone sein, wenn Sie dann nach dem Gespräch das erste Mal auf Start drücken. Aber Sie sind mit sich selbst weit kritischer, als das ein Coach jemals sein könnte. Und schon oft habe ich dann in den Tagen und Wochen nach so einem Coaching eine Mail bekommen und die ging los mit den Worten:

▸ „Sie hatten Recht!"

Diese Worte – an der richtigen Stelle und im Präsens – im Verkaufsgespräch und an den Kunden gerichtet, bewirken Wunder. Dabei müssen Sie jetzt nicht anfangen Ihren Kunden zu belügen, wenn dieser gar nicht Recht hat. Aber kleine Unzulänglichkeiten kann man ruhig mal stehen lassen und wenn der Kunde Recht hat, dann sagen Sie ihm das auch mal! Denn:

▸ Bestätigung braucht jeder Mensch!

12.7 „Der Nachbar!"

12.7 „Der Nachbar!"

Haben Sie als Kind immer die ollen Sachen Ihres Bruders oder Ihrer Schwester auftragen müssen?

Nein, Sie müssen sich jetzt nicht auf die Couch legen, um Ihr Kindheitstrauma zu überwinden! Aber es ist schon hoch interessant, dass es Menschen gibt, die die Fähigkeit besitzen, ihrer Umwelt immer ihre gebrauchten Sachen aufzuschwätzen. Wenn Sie sich jetzt für den Beruf des Gebrauchtwagenhändlers entschieden haben (wieder mal keine Wertung von meiner Seite!), dann können Sie jetzt aufhören zu lesen und zum nächsten Kapitel weiterblättern. Denn dann ist diese aus der Kindheit herüber gerettete Eigenschaft bares Geld wert.

Allerdings gibt es Menschen, die dies zu einer Lebensphilosophie gemacht haben und die grundsätzlich alles (und beinahe hätte ich geschrieben „jeden"!) nach Gebrauch an ihre direkte Umwelt weiter verhökern. Da ist kein Freund, kein Nachbar, kein Familienangehöriger und kein Kollege sicher und es bleibt nichts unversucht.

Beim ersten Mal fällt einem das noch gar nicht auf. Aber wenn man seinem Nachbarn dann schon wieder einen wahnsinnig günstigen Rasenmäher, einen tollen Fernseher oder den unheimlich lieben Hund abnehmen soll, dann läuft da gerade etwas gewaltig schief.

„Augen auf!" bei den vermeintlich günstigen Geschäften im direkten Umfeld! Denn hier trüben oft emotionale Hintergründe den rationell prüfenden Blick und, nüchtern betrachtet, würde man das ein oder andere einem Fremden wahrscheinlich nicht abkaufen!

12.8 „Der Pfarrer!"

12.8 „Der Pfarrer!"

Es ist eine sehr schöne, warmherzige und vertrauensvolle Geste jemandem seinen Arm um die Schulter zu legen oder diesen von jemandem um die Schulter gelegt zu bekommen, wenn sich beide in dieser Situation wohl fühlen.

Manchmal ist es aber schon passiert, dass mir jemand seinen Arm um die Schulter gelegt hat und sich ein sehr unschönes Gefühl in meinem Bauch breit gemacht hat. Ich dachte mir: „So weit sind wir noch nicht!" oder auch „So weit werden wir beide nie kommen!". Und dann versuchte ich mich aus der Umarmung zu lösen, was dann eventuell oder hoffentlich auch bei dem anderen ein ungutes Gefühl hinterließ.

Es gibt Verkäufertypen, die versuchen körpersprachliche Gesten zum Vertrauensaufbau zu nutzen. So zum Beispiel die oben erwähnte Umarmung oder auch den beidhändigen Händedruck. Diese Verkäufer werden auch im Gespräch immer wieder versuchen, Sie, zum Beispiel am Arm, zu berühren, um auch eine körpersprachliche Verbindung herzustellen.

Bei sehr zwischenmenschlich orientierten Kundentypen kann dies sogar funktionieren, bei vielen anderen stößt es allerdings auf Unverständnis, Ablehnung oder manchmal eventuell sogar körperliche Abwehrreaktionen.

Daher ist auch hier Vorsicht geboten! Egal, ob Sie auf Kunden- oder Verkäuferseite stehen: Wenn jemand versucht, gegen Ihren Willen eine körperliche Verbindung aufzubauen, dann schauen Sie wieder mal genau hin! – Erst recht, wenn dies in der Kirche geschehen sollte!

12.9 „Der Gierige!"

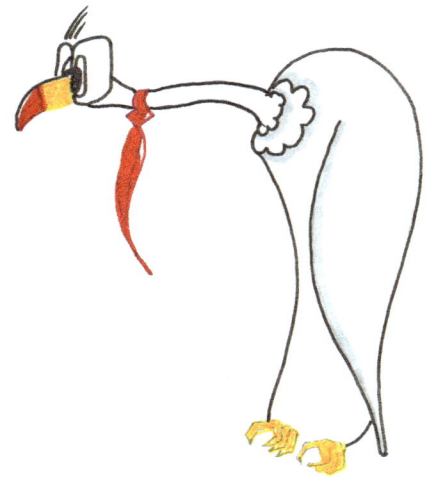

12.9 „Der Gierige!"

Haben Sie schon mal Dollarzeichen in den Augen eines anderen Menschen entdeckt? Egal in welchem Lebensbereich … unmäßige Gier ist eine sehr unschöne und auch eine sehr irreführende Eigenschaft. Ein Ausspruch, der so alt ist wie das Finanzwesen selbst, lautet: Gier frisst Hirn! Die trifft allerdings sowohl auf Kunden als auch auf Verkäufer zu!

Kunden neigen dazu, dass Sie beinahe alles kaufen, wenn es „unglaublich günstig" ist, wenn es „enorme" steuerliche Vorteile bringt, wenn es das „allerletzte verfügbare" Stück ist oder wenn es schon von Anfang an „limited Edition" ist. Sofort springt in den Köpfen der Kunden ein riesiger Motor an und der bollert drauf los:

▶ HABENWOLLENHABENWOLLENHABENWOLLEN!

Sprechen Sie das mehrere Male hintereinander laut aus, dann hören Sie regelrecht, wie der Achtzylinder klingt!

Allerdings gibt es den Gierigen auch auf Seiten der Verkäufer. Dieser Verkäufer nimmt nur das kleinste Signal einer möglichen Kaufbereitschaft des Kunden auf und schon bollert sein Achtzylinder los:

▶ VERKAUFENWOLLENVERKAUFENWOLLENVERKAUFENWOLLEN!

Das ist auch nicht schön und hat schon so manchen Kunden in die Flucht getrieben. Als Kunde will man nicht dann unbedingt kaufen, wenn man das Produkt oder die Dienstleistung aufgedrängt bekommt, sondern, wenn es schwer ist, das oder diese zu bekommen.

▶ Entzug schafft Sogwirkung!

12.10 „Der Satte!"

12.10 „Der Satte!"

Das genaue Gegenteil vom „Gierigen" ist der „Satte"!
Während ich diese Zeilen schreibe, bin ich in der Türkei im Urlaub. Und vor zwei Tagen habe ich mich tatsächlich vor die Türe meines wunderschönen Hotels gewagt und habe echt türkischen Boden betreten. Mit dem festen Vorsatz ausgestattet, mir weder irgendwelche zweitklassigen Fakes, noch sterbenslangweilige Tagesausflüge oder durchblutungsfördernden Tee aufschwatzen zu lassen, habe ich den dem Hotel am nächsten liegenden Laden betreten und was soll ich Ihnen sagen … da war er! Und zwar in seiner reinsten Form. Der Satte.

Jeden Tag spült es ihm unzählige, ahnungslose, hoffnungsvolle Touristen in seinen Laden und er weiß schon nicht mehr wohin mit seinem ganzen Geld. So investiert er es in seinen durchblutungsfördernden Tee (vielleicht etwas zu viel davon und möglicherweise auch in unerwarteter Kristallisierungsform) und er kam wild schniefend, zuckend und schlecht gelaunt auf mich zu. Ich fragte Ihn, ob ich denn in diesem Teil des Ladens richtig wäre für die Herrenklamotten, da ich mich wunderte, wie viele der dargebotenen, wild durcheinander fliegenden T-Shirts mit Strasssteinen besetzt waren. Der Mensch hatte wohl länger in Deutschland gelebt (wie viele andere seiner Zunft auch) und so entgegnete er mir in fließendem Deutsch, ob ich denn hier wäre, um auch etwas zu kaufen oder nur, um dumme Fragen zu stellen.

Zunächst dachte ich, er mache Witzlein mit mir, aber sehr schnell merkte ich, dass dem nicht so war und da ich nicht herausfinden wollte, ob seine oder meine Zündschnur an diesem Tag kürzer gewickelt war, habe ich mit zwei, drei deutlichen Worten den Laden verlassen.

Einer der Leitsätze meines Lebens ist:

▶ Es gibt immer etwas zu lernen und es gibt keinen, von dem du nichts lernen kannst!

Und so habe ich mir bei einer leckeren Tasse türkischen Mokkas überlegt, was denn nun die Lehre für mich aus diesem Erlebnis war. Und da fiel mir ein … ich habe noch nichts geschrieben zum Satten.

Ja, es schadet manchmal nicht, wenn man einem Kunden das Gefühl geben kann, dass man es nicht notwendig hat, ihm auf Gedeih oder Verderb etwas zu verkaufen. Denn genau dann wollen die Kunden sehr häufig nicht mehr und sie gehen doch zu dem erfolgreichen Kollegen, bei dem die Termine rar sind und der nur noch ausgewählte Kunden betreut. Aber was wir als Verkäufer dabei nie vergessen sollten ist der gute Anstand, unsere Kinderstube und unsere Menschenfreundlichkeit. Und weniger von dem durchblutungsfördernden Tee zu trinken, zu schnupfen oder zu rauchen schadet dabei bestimmt auch nicht.

Schlusswort

Das ganze Leben ist Verkauf! Je schneller Menschen das für sich erkennen und akzeptieren – umso leichter werden sie sich im Leben zurecht finden.

Egal, ob in der privaten Wirtschaft, im öffentlichen Dienst, in der Politik oder im Privatleben – wir setzen uns immer damit auseinander, wie wir anderen Menschen unsere Ideen näher bringen können oder wir sind damit konfrontiert, wie uns deren Ideen näher gebracht werden.

Hinter allem steckt dabei Kommunikation. Und die Qualität der Kommunikation in der modernen Welt befindet sich auf einem absteigenden Ast. E-mails, Kurznachrichten und soziale Netzwerke bilden (vor allem für junge Menschen) den Rahmen, in dem sich Kommunikation abspielt. Leider häufig in grauenvoller Qualität.

Sprengen Sie diese Ketten, die Ihnen von außen auferlegt werden und reden Sie wieder häufiger mit Menschen! Sie werden feststellen, dass vieles, wofür Sie normalerweise unzählige Mails oder Kurznachrichten geschrieben hätten, sich in Sekunden erledigt und das auch noch auf eine viel erfreulichere Art und Weise.

Und dies wird dann auch noch dazu führen, dass Menschen einen ganz anderen Eindruck von Ihnen gewinnen. Sie erscheinen verbindlicher, schneller, kommunikativer und interessanter und Sie liefern dadurch schon wieder mal ein anderes Bild von einem Verkäufer ab.

Gewürzt durch Ihr (durch dieses Buch) gestärktes und geschärftes Selbst- und Berufsbild „Verkäufer" werden Sie diesen Beruf wieder um ein Vielfaches mehr lieben! Das wird man Ihnen anmerken und dadurch wird eine Sogwirkung entstehen, der sich Ihre Kommunikationspartner nur schwer entziehen können!

Viel Erfolg, vielen Dank für Ihr Interesse bis hier hinten zu lesen und bleiben Sie mit mir in Verbindung!

Ihr
Michael Künzl

The manufacturer's authorised representative in the EU is Springer Nature Customer Service Centre GmbH, Europaplatz 3, 69115 Heidelberg, Germany. If you have any concerns regarding our products, please contact ProductSafety@springernature.com

Printed and bound by CPI Group (UK) Ltd, Croydon, CR0 4YY

25/03/2026

02078186-0009